Sünnschien un Regen

Elsa Peters wurde am 15. November 1906 in Heide geboren. Sie schreibt seit mehreren Jahren niederdeutsche Texte, die in Tageszeitungen, Zeitschriften und im Rundfunk veröffentlicht wurden. Ihre Erzählbände "Wo de Wind vun Westen weiht" und "Plattdüütsche Fabeln" erschienen in unserem Verlag.

1. Auflage März 1975
2. Auflage September 1975
3. Auflage Januar 1976
4. Auflage Mai 1977

© 1975 Dithmarscher Presse-Dienst, Verlag Udo Christiansen, 2240 Heide. Alle Rechte, insbesondere das des öffentlichen Vortrags, der Übertragung durch Rundfunk und Fernsehen und der Übersetzung, auch einzelner Teile, vorbehalten.
Illustration von Holger Christiansen
Druck: Heider Offsetdruckerei, Pingel
Einband: Ladstetter GmbH, Hamburg, Printed in Germany
ISBN 3-88089-000-5

Elsa Peters
Sünnschien un Regen

Dithmarscher Presse-Dienst
Verlag Udo Christiansen
Heide

Sünnschien un Regen

Regennatte Straten spegelt Stack un Hüüs, de hellen vör un de roden Lampen achter de Autos, de ümmerto hin un herflitzt. Düster, deep hangt de Wulken un breekt ünner süm Last. Dat gütt as mit Ammers. De Sielen künnt ni dor gegen ansluken. Vör süm opreten, gurgeln Münner mit de langen Tään steiht dat Water so breet un so lang as en Slepenkleed. Dat Regenwater hüppt un danzt op Straat un Footstieg, hoch, ok mal sieder, noch höger: as'n Waterorgel so schöön, wenn dat op sien langen Weg ünnen opsleit: As wull dat torüch nah'n Heben un mit de Wulk wiederseilen. Mit de Wulk, de blots uns ehr düstergriese Siet tokehrt. Man de Drüppens weet, dat se sik baben sneewitt in' Sünnenschien plustert.
Weer dat eben en Blitz? - Nu dunnert dat! Un noch en Blitz- un Dunnerslag! Man goot, denn weer't man en Gewidderschuur. Warrt glieks vörbi ween. De Wulken hangt ni mehr gar so deep.
So is de Minsch, vull Höpen op Sünnschien un goot Wedder. Un duert dat mitünner ok'n beten wat lang, - länger, as em recht ist: kamen deiht dat Gode so wiß as dat Lege. Allns is man blots en Övergang. As Sommer un Winter, Dag un Nacht, Sünnschien un Regen - Leven un Dood. Goot, wenn wi gedüllig hinnehmt, wat op uns tokummt. Wi künnt dat so un so ni ännern.

De Geburtsdagbesöök

Se leev ni mehr. Man ik seeg ehr noch as do, de lütje pummelige Anne Kock. Se weer al orrig to Jahrn, droog ehr Punnen aver opgrecht un stolt. Swung den enen Arm wiet vun't Lief af. De Hand spreedt as'n Flünk, so segel se lang de Straat. "Dag, Tante Anne. So hild? Du heßt Di je so smuck maakt", grööt ik. "Magst wull seggen", lach se mit ehr lütten swienplietschen Ogen, "ik will to Geburtsdag." (Wat ik mi dat ni meist dacht harr!) "Wer hett denn Geburtsdag?" "Doddi Cassens!" "So, so, ik wuss garnich, dat jüm tosaamkaamt?" "Och, doot wi ok ni. Man to Geburtsdag graleern will ik ehr liekers." "Dat Du all de Daag in Kopp heßt, dat wunnert mi", schüttkopp ik. "Deern, ik weet se meersto ut hele Kaspell!" "Dien Kopp much ik hem! Denn büst' oftins op Besööktuur?" Se lach: "Ja, Du, dat kannst glöven", un huul af, mit lerrige Hannen, keen Bloom, keen Geschenk. Ik keek achter ehr her: "Tante Anne, Tante Anne, wenn Du wüßt, wo mennig en Di dor henwünscht, wo de Peper waßt!"

Man se wuß dat ni. De leve Gott harr ehr mit Ogen utstaffeert, de blots nah'n buten keken, ni nich in sik rin. De blots dat wiesworrn, wat se wieswarrn wulln. Un dat weer nich wenig! In de lütje, luerlütje Stadt wietaf vun de groten Straten is de Langewiel stüttigen Gast. Tante

Anne wull sik aver ni langwielen. Ehrn Mann
kunn se nix ut de Nees trecken, de kreeg to
Huus de Tään ni vuneen. Sunst weer licht men-
nig wat anners ween. Schull se versuern? "He",
stött se kottaf rut, "lang ni!"
Wo dat nix Groots to beleven givt, mutt en mit
de lütten Dinger verlööft nehmen. Passeern
deit överall wat, en mutt blots loslopen un
luukohrn. Un dat dä Tante Anne. Dat geev noch
mehr vun ehr Slag Fruuns. De harrn sik söcht
un funn', un sludern unnasch dor op dahl. Harrn
se ni mal orrig över Doddi Cassens dat Muul
scheefreten, jüst de, nemb se nun henwull to
groleern? Och, de weet dat je ni, much se den-
ken.
Man Doddi wuß! Bi soveel Sluderee geev't ok
welk, de twischendrogen. Doddi harr sik fix
argert. Weer over je ok en stark Stück ween
vun Anne Kock! Eenfach bi ehr antokamen. Un
as se vör toe Döör keem, achterrum in de Köök
rintogahn. Anne Kock harr luukohrt, allns weer
still ween. Op'n Heerd bruddeln sinnig en paar
Grapens. De Döör nah' Deel weer blots an-
löhnt. Anne sleek sik hen, plier hendörch: keen
Minsch to sehn, allns dodenstill. "Denn will ik
doch gau mal sehn, wat Doddi to Füer hett!"
Se lüch de Deckeln vun de Pütt. In den een
swummen Klüten. "Schöne Klüten", dach Anne
minnachtig, "so'n dörf ik mien Mann ni op'n
Disch setten. Klüten mit'n Steert! Dat's mi en
Huusfru!" Ehr Swiensogen lüchen, nu harr se

aver wat to vertellen! Knapp harr se Ruh, ehrn
Mann dat Meddageten to kaken, denn leep se los
un Berta Kragge de Döör in: "Nemb büst?"
"Hier", grööl en Fruunsminsch ut de Köök.
"Denk Di, Berta, Klüten mit'n Steert! Kann ni
mal richtigen Klütendeeg anröhrn un noch we-
niger insetten!" "Wer, Deern?" "Doddi Cas-
sens!"
Berta huseer mit de Klüten. De Klüten gung
rund! De Steert worr ümmer länger, bet he sik
sülm in' Swanz beet. Dor weer he bi Doddi Cas-
sens ankaam. Doddi weer slurig, - un giftig. Se
weer noch jung un schull eerst en Huusfru warrn.
"Lever schulln de olen Tanten uns hölpen, as
uns besludern", klaag se ehr Fründin vör. Mit-
eens fung de luuthals to lachen an. "Wat heßt
Du, Lene?" fraag Doddi. "Kummt de ole Tante
ni bi all Lüüd an, to Geburtsdag to groleern?
Du, de kriggt bi Di doch wull keen Koken un
Kaffee?" Se plöter ehr wat in't Ohr: "Over keen
Minsch vertellen!" Doddi smuustergrien: "Mien
Hand dor op! Dat warrt 'n Spaaß."
Nu weer't sowiet. Doddi ehr Besöök seet in de
Stuuv bi'n Kaffee. De Köök weer oprüümt bet
op en Grapen, de eensam un verlaten op'n ko-
len Heerd stunn. De Huusdöör weer afslaten.
De Gäst even in de Komeedi inwieht. Se glud-
dern un gniddern noch as dull, do reet Anne
Kock an de Huusdöör. "Se is dor!" "Blots ni
still sitten, wieder lachen un vertelln! Ik spie-
keleer an de Döör", so Tine Hansen.

"Toslaten", fluster Anne Kock, "Wo giv't denn sowat?" Se gung nah de Achterdöör. "De sünd je bannig in' Gang", dach se, "denn kann'k noch 'n beten rumsnuven." Se böög den Kopp över'n Heerd un lüch behott den Deckel vun' Grapen. Dor sprung ehr en Pogg merrn in't Gesicht. froh, dat he ut sien Lock rutweer. Se verjaag sik un brüll: "Huuuuhuuuuh, ochottochott, en Pogg!" De Deckel full to Eer un schepper op'n Footborrn. Kriedenwitt stunn se dor, denn vör nix gruel se sik doller as vör Pögg.

"Höört, se schrigg al!" lach Tine. De Fruunslüüd fulln meersto över de Stöhlbeen, so knasch smeten se süm Sittels torüch un drängeln över de Deel mit "Puhee" in de Köök rin. Stunn in' Krink um Anne Kock rum. "Na, wosük gefallt Di de Spaaß?" grien Doddi spietsch, "mol wat anners, as Klüten mit'n Steert, ni?"

Anne Kock smeet den rootanlopen Kopp in de Nack, schoov mit beide Arms de Fruuns vuneen un stört nah'n buten, dach: "De verdreihten Sluderbütten! Wer mag ehr dat hendragen hem? So'n Slechtigkeit! Dat deit en doch nich!" Spree den Arm noch doller av as sunst un segel nah Huus.

De Sellschop keek ehr nah: "Meersto 'n beten hart för so'n ool Fru", meen Doddi, ik much nich in ehr Huut steken!" "De hett'n dick Fell", lach Lene, "eenmal muß se doch mit de Nees dörch'n Busch. Kiek, dor hüppt de Pogg in' Kruutgaarn rin."

De Buer un sien Knecht

As de beiden noch jung weern, de Buer Hans Groth un sien Knecht Hinnerk Lüth, weer de Welt noch "in de Reeg". Harr se noch de "Gottgewollte Ordnung". "Seid untertan der Obrigkeit" un "Ruhe ist die erste Bürgerpflicht", so'n Sprüch lehr en al as lüttjen Butje in de School. Un de Paster sä ok, de leve Gott wull dat so, wat dat Arme un Rieke geev, dor schull en ni an rögen.

Nu harr Hinnerk Lüth, de Knecht, en anslääg schen Kopp. Un dörch sien Kopp trocken mennigmal afsünnerliche Gedanken. As; worüm he jeden Dag, den de Herrgott warrn leet, tein Stunnen swaar mit sien Hannen wrachten dä, un bröch dat ni wieder, as to'n "vun de Hand in de Mund leven." Sien Buer Hans Groth - "naja, he is de Herr", sä Hinnerk to sien Fru. Wat he sunst dach, wuß niemal se. He wull sik wahren! Wo gau hüpp en Woort vun de Tung, un wo gau maak dat sien Weg. Keem den Buern wat to Ohren, weer he de sekere Arbeid loos, un denn "go' Nacht, Mathilde!"

Hinnerk sien Riekdoom weer süm Kinner. Dat weer ok wat, wo Hinnerk sien Gedanken sik an fastbeten: "Wosük geiht dat to, dat wi lütten Lüüd soveel Kinner hebbt, un de Rieken blot en paar?" He harr se leev, sien Kinner, dor weer ni een vun över. Man wenn he ok blot dree harr, as de Buer, bruken he un sien Fru den Groschen ni teinmal umdreihn. Dat Leven weer denn doch orrig wat lichter. Villicht dat de Jungs denn en Handwark lehren kunn?

As dat sowiet weer, dat Hinnerk sien Öllsten insegnet warrn schull, köff de Buer noch en ansehnlichen Hoff to. He, den de Lüüd meersto orrig wrantig kenn, lach sien Fru to: "Nu künnt beide Jungs en Hoff kriegen. Uns Anna friet op'n Hoff rop. Denn sitt se all dree hoch un dröög."

Man wat en rechten Buer is, de stöhnt geern mit'n vullen Buuk. He lett anner Lüüd doch ni in sien Knipp kieken! Un so sä he denn ok to sien Knecht Hinnerk Lüth, as he em en Markstück för den Kumfermand in de Hand drück: "Du kannst wull lachen! Wat heßt Du dat goot! Wenn en vun Dien Kinner ut' School kommt, givst Du em en Spaden in de Hand. Un he mutt sehn, dat he dörchkommt. Aver ik arme Mann, ik mutt jeden en ganzen Buernhoff mitgeven!"

Barg Water is intwüschen de Eider dahllopen. De olen Gesetzen gellt ni mehr. Wenn Hinnerk Lüth un Hans Groth noch mal opkieken kunn, wat worrn se sik wunnern!

Denn en vun Hinnerk Lüth sien Enkeldöchter sitt as Buerfru op en vun Hans Groth sien Hööf.

Klaas Segelohr

Weer mal en Knecht in Överndiek, de heeß bi all Lüüd blots Klaas Segelohr, wiel he so'n grote, afstahn Ohrn harr. Aver he nehm't nich krumm, wenn he so ropen worr, denn he weer en, de ok över sik sülm lachen kunn. He weer en groot, deftig Mannsbild, arbei' för twee un ok sunst harr allns sien Schick.
Bi'n Danz weer he ok best Mann, keen en föhr de Deerns so goot un swunk se bi'n Walzer so fein rum. Se kregen meist ni de Fööt op de Eer. Blots snacken dörf he un dä he ok ni, denn he much sik vun de Deerns ni utlachen laten mit sien Slick op de Tung. Op dat Flach harr he en swacken Punkt. Solang he ni snack, weer allns goot. Sien Ohren worrn se garni wies, he weer je orrig groot.
Nu weer to Westen in't Dörp bi Gustav Bahr en heel smucke Deern in Deenst, dor harr Klaas en Oog op smeten. De beiden passen bi't Danzen goot tosamen un he haal ehr mehr as all de annern. Man snack, ne, snack harr he noch ni mit ehr. Ümmer verleet em de Moot. Jaa, wenn se'n Jung weer, denn wull he dor wull mit torecht kamen, denn dörf se ok lachen, he worr noch mitdoon! Aver en Deern, ne! Man muß he dor je doch mal ran!
He tööv aver, bet in Nahsommer de Avende al wat schummerig weern, em worrt denn lichter vun de Tung gahn. Se leet sik dor ok op in, dat

he ehr nah Huus bringen dörf. As he aver mit
sien Slick op de Tung vun Leev anfung un vör
luter Opregung ok noch stummel, lach Hanne
em ut un leep in Draff darvun.
Dat harr se ni doon schullt! En kann ok den
gootmödigsten Hund blots solang anspeen, bet
he bitt! Klaas seeg root, wat harr se em dro-
pen! - Dat schull nix Slimmes ween, dach he,
as he de Sook överslopen un de dullste Hitten
sackt weer. Man en Denkseddel schull se doch
hem.
In en düstere Nacht bunn he sik en Dook över
Nees un Ohren, dat em keen künnig kreeg.
Sleek sik to Achterdöör rin, de bi de meersten
Buern ni nich afslaten warrt. Wuß ehr Kamer-
döör to finnen, kreeg ehr liesen open, weer
mit'n paar Schreed an ehr Bett, greep ünner
de Deck un kneep ehr düchtig in't Been. "Huuch",
wat kriesch un quiek de Deern! Man eher Hölp
keem, weer he lang wedder op'n Weg nah Huus.
De nächsten Daag worr in't Dörp nix anners
snackt as vun den Kniepjökel, keem man ni
nich rut, wer dat weer. Klaas Segelohr harr
sien heemligen Spaaß. Man blots, he kunn sik
nu ni mehr timsen. To schön weer't ween, as
de Deern so quiekt harr! Nu steek em de Ha-
ver, den Spaaß wull he sik noch mal maken.
Den nächsten Besöök goll Buer Thönnsen sien
dicke Frieda. Man weer de Döör to, aver dat
Waschkökenfinster weer loos, dat schull wull
gahn. He steeg op'n Melkbuck, denn dörch dat

Finster, sloog aver gegen en fulle Melkkann, de noch en twete mitreet, - un veertig Liter Melk lepen ut. Dat pulter un larm, dor kunn de Doden vun opwaken. Klaas kroop gau wedder rut un nehm sien langen Been in de Hand.

Ok ditmal harr he Glück, nüms keem dor op, dat he dat ween kunn. In't Dörp gung't to as in en opwöhlten Immenkorf. Dat muß doch en ween, de genau Bescheed wuß! De Buernsöhns meen sik goot noch to kennen, dat vun süm keen in Fraag keem. Gung aver blots en slanken Jungkerl dörch't Finster.

Heemlich, dat keen Knecht un Deern wat mark, besnacken se sik mit süm Öllern, wodennig se den Kerl överdüveln kunn. Mussen aver doch de Deerns in't Vertruun trecken, wiel't ahn süm ni gung. De maken heel gern mit un heeln ok dicht.

As de Knechten buten arbei'n, huschen binnen de Deerns hin un her: se trocken um mit Bett un Bült. Un de Jungbuern trocken in de Deernskamern. En ole Braatpann worr överall in' Boom hungen, en holten Sleef in' Ast leggt, denn kunn he kaam.

Un he keem! Wull Buer Detlefs sien Klara kniepen! He höög sik al in' Stall op ehr Schreen. - So, de Döör harr he faat, binn' weer he! He lang ünner de Deck un kneep fast to, man evenso fast greep de to, de dor in't Bett leeg! De quiek aver ni, ne, de fleit, un ehr Klaas sik loosrieten kunn, weer he mit'n Reep bunnen.

De Buer leep in de Ünnerbüx nah'n Boom un hau op de Braatpann rum. Duer ni lang, un de Jungbuern weern to Steed. Ohn veel Fedderlesen kreeg de Kniepjökel en Afrievung, de he in sien Leven ni vergeten schull. Wo verbaast weern se, as se em dat Dook afreten! Dat harr keeneen dacht, dat de beverige arm Sünner, dat de Kniepjökel Klaas Segelohr weer!

Morgen in't Moor

Vör Dau un Dag, vör Leerkensingen un Pieperflöten is de schöönste Tiet in't Moor. Keen Buer, keen Minsch is waak in dat Dörp neegbi, keen Hund un keen Katt.
Dat wuß ok de Dokter ut de Stadt op de Geest dor baben, dorum fahr he Sommerdags jeden Morgen rut. De eersten Sünnenstrahlen blitzen op sien Auto. Dat bröch keen Unruh mang de Deerten, se kennen em un sien Wagen. De Hasen hoppeln satt in't Lager. De Rehen luustern mal röver, wiesen den witten Spegel un trocken af.
As de Sünn höger keem, fungen all de lütten Vageln to singen an, de Leerken, Rotkehlchen, Geelgöschen, Bookfink un ok de Kreihn. Dat weer de schöönste Musik, de de Dokter sik denken kunn, un weer em vertruut siet Kinnerdagen. Denn he weer en Buerjung ut dat Dörp dor achter, un hier, nemb he stunn, harr he mennig leven Dag hölpen, Torfsoden optosetten. Wo se damals kleiht harrn, weer nu en grote Törfkuhl mit warm, bruun Water.
De Dokter harr sik uttrocken un sien Tüüg in't Auto leggt. Stunn dor as de eerste Minsch un reck un streck sik in de warme Sünn. Sprung in't Water, swumm un pruusch, dreih sik un kehr sik, düker un keem wedder hoch - un dach: "Dat givt mi Kraft för den ganzen Dag. Wat is

dat doch eenmal schöön!"
As he ut Water rutkeem, hool he Ammer un Böst ut den Wagen. "Ik bün rein, nu schall de Wagen dor ok an glöven." Un he düpp Water ut de Kuhl un wusch an sien Wagen rum. Opletzt haal he Ammer um Ammer vull Water un goht dat mit Swung över'n Wagen. Ganz korthannig heel he merrn in Swung an: "Ik wull doch noch wat? Wat weer dat blots? Na, dat fallt mi wull wedder in", un goot wieder.

"Siehso, nu is noog", un pack den ganzen Bickbeernmoos in' Kufferruum. Sien Huut weer wieldes dröög, he kunn sik antrecken. He maak de Autodöör open, vör op'n Sitz leeg sien Tüüg. Ja, dat leeg dor, man - missennatt! De Dokter hau sik vör'n Kopp: "Nu weet ik, wat ik wullt heff: de Autofinstern todreihn!" Ammer um Ammer harr he över sien Tüüg goten, ümmer rin in de open Finstern! - Wat nu?

Kunn he sik doch en Dag hier in de Sünn leggen un sien Tüüch dorto, bet allns dröög weer. "Enen Dag tobringen, as weer ik en Jung! Enen Dag drömen in't Moor!" so dach he. Doch dat gung ni. Sien Fru luer mit'n Kaffee, un de Patschenten luern op süm Dokter.

Em bleev nix anners över, as sik op de natten Pulstern to setten un nakelt nah Huus to fahrn.

De kloke Johann

Korl Klüver ut Ketelsbüttel, Hugo Jasper ut Odderaad, Jan Meier ut Fiel un noch en paar Buern mehr seten in Meldörp in Kroog un goten sik en achter de Binn. Dat kunn se damals noch wagen, denn dat geev nich keen Stinkkutschen, Dat Woort: "Alkohol am Steuer" stunn noch in keen Lexikon. Se weern alltohoop mit Peerd un Wagen kamen, harrn utspannt un wussen de Deerten, wullversorgt vun den olen Huusknecht Schildmann, in'n Stall stahn. Op den Mann weer verlaat. Se bruken blots to'n Weert to seggen: "Laat anspannen", denn stunn de Peer anschirrt för de Wagens praat, wenn süm in Mantel un Mütz rutkeem'.

Man noch weer't nich so wiet. Se dachen noch garnich an nah Huus. Dat weer hier so moje achter't Grogglas an'n runden Disch. De Waterketel summ in'n Kachelaven un de Weert döös achter'n Tresen. Wer much dor wull gern rut in de Küll. Denn koold weer so'n Fahrt op apen Wagen dörch de Nacht.

Doch, en dach dor an, Korl Klüver. "Ik heff garnich mehr so recht Ruh", sä he, "wenn ik so lang sitt, denn slaap ik naher op'n Wagen in. Dat geiht mi meist immer so. Wat mien ole Liese is, dat is Di je'n goot Peerd, man se findt nich alleen nah Huus. Op de Straat bliv se je, man nich op de richtige. Ja, un denn waak man mal op in balkendüstern un weßt nich, wo Du büst. Kannst je nix künnig kriegen, wenn narms en Licht brennt." "Ja, Jung, dat's 'n Schiet", meen Jan Meier, "dor geiht mi dat beter. Nah Fiel geiht dat ümmer liekut dörch't Moor, dor kann nich mal'n dummen Esel verkehrt kamen." Nun keem Hugo Jasper in ne Gang. "Wenn Du so'n Peerd harrst, as mien Johann, denn kunnst ruhig slapen. Dat Deert is so klook, de findt alleen nah Huus. Wenn ik mi schöön warm inwickelt heff, legg ik de Lien orrig hoch övern Arm, steek de Arms ünner de Deek, segg "hü" un slaap in. Ik waak erst wedder op, wenn dat Rummeln vun de Rööd ophöllt. Un wo hett mien kloken Johann mi hinbröcht? Steiht genau vör de Lohdeel. Ik bruuk blots de Grootdöör openmaken, denn sünd wi ünner Dack." "Dat's je grooßaardig! So goot harr ik dat ok geern", wunnerwark Korl Klüver. "Kannst hem. Ik verkoop Di mien Peerd", grööl Hugo Jasper. "In Eernst? Du wullt mi doch nich op'n Arm nehmen?" "Ne, Jung. Ik meen dat eernst." Na, nun gung se all nah'n Stall un bekeken dat Peerd vun vörn un vun achtern, worrn sik ok gau över den Pries eenig, haun in un haun dörch: Johann harr en nieden Herrn.

Annern Dag bröch Hugo Jasper sien Knecht dat Peerd nah Ketelsbüttel, un Korl Klüver weer ut de Kniep.

Vergnöögt fahr he hin nah Meldörp un leet sik mal so örnlich mit Kööm un Beer vullopen.

19

He keem nun je heel nah Huus.
Schildmann pack den dunen Kerl op'n Wagen, wickel em in, geev em de Lien un sä: "Hü!" - Korl sleep forts in. Un waak ok nich op, as dat Peerd stahnbleev. -
As Hugo Jasper in Odderaad den annern Morgen fröh ut de Feddern keem, seeg he sienen Johann vör de Lohdelendöör stahn. Un op den Wagen hung Korl Klüver un snurk.
"Korl, opstahn, Kaffeedrinken!" bölk he em in't Ohr. De kunn sik garnich vermünnern: "Wo - wo - bün ik egentlich?" "Ja", lach Hugo, "wenn Du Johann rechttiedig vertellt harrst, dat Du nah Ketelsbüttel wullst, denn harr Dien Fru Di inladen kunnt! Nun kumm man dahl vun Wagen un warm Di op bi'n Tass Kaffee. Heßt naher je noch en langen Weg vör Di bet nah Huus."

In't Moor - oder:
Schoolmeisters Leven vör vertig Jahr

Wi stunn op den hogen Kleev, mien Mann un ik. Achter uns leeg, mang Bööm un Büsch versteken, dat smucke Karkdörp Hennstedt, wo de Kleenbahn uns hinfahrt harr. Wi kämen ut de Heid', vun mien Öllern, de ik eerst vör veer Weken verlaten harr an de Siet vun mien nied antruten Mann. Nah dree Jahr Verlobungstiet harrn endlich de Hochtietsklocken lüüdt. Nun weern wi in de Wiehnachtsferien weller to Huus. Mien Mann weer Lehrer, dat heet, he schull eerst en warrn. Un dor weer de verloren Krieg, de "Inflatschoon" un de "Weltwirtschaftskrise" schuld an. Süß Millionen Arbeitslose alleen in Düütschland! Tomeist Mannslüüd, Famieljenvaders. Denn domals levten de Fruuns un Döchter noch in't Huus. Ganz verenkelt waag sik mal en in de Mannslüüd süm Rebeet.

Ok Schoolmeisters geev't veel to veel, dat kann en sik hüüt garnich mehr vörstelln. 1924 weer mien Mann al mit sien Utbildung ferdig ween, nun weer Wiehnachten 1927, un wi weern ünnerweegs, uns sien eerste richtige Lehrersteed antokieken.

Darbi weern wi noch lang nich sowiet ween, wenn ik nich'n beten nahhölpen harr. As wi heiraden, vertreed he en kranken Kolleeg in Süderbrarup för'n paar Maand. Mien eerste List weer ween, nun doch de Heirad to wagen. As

ik dat ferdig bröcht harr, snack ik em vör, mal nah Sleswig to fahrn, wo de Regierung seet.
"Maak doch den Regierungsraat 'n Besöök. Kunnst sachts mal liesen op'n Busch kloppen, wat he nich en Steed mit Wohnung hett för uns!" Nun gung't al gau.
"So, Sie sind verheiratet", hett de hoge Herr to em seggt, "dann müssen Sie ja eine Stelle mit Wohnung haben", un fahr mit'n Finger op de Landkaart vun Sleswig-Holsteen rum, "hier, ja, hier ist es, Westermoor! - Wollen Sie dort hin? Es überschwemmt da manchmal -." Neseggen, dat kunn en sik nich leisten, en wull je wiederkamen, so sä he: "Ja, gern!" Un nu stunn wi op den Kleev un keken dahl in't Moor. "Sühst Du dor in de Feern den hogen Boom? Un dat lütje Huus blangbi? Dat is de School", sä mien Mann.
Wi leten unsen schuligen Placken twüschen Bööm un Buschwark achter uns un stegen dahl op den Padd, de, ut Sand opschütt, liekto dörch't Moor gung. Hier full uns de winterliche Küll an, un wi gungen drievens op den froren Padd, um de Warms to hollen. Obletzt leeg dat Dörp blang uns, man de Weg gung wieder liekut bet ünnern Eiderdiek. Dor leeg over en Brett över de Graff weg twüschen Padd un Wisch, Klamp sä man dorto, as wi laterhen to weten kregen. Wi stegen övern Stacheldroht un gung' över't Brett un en smallen Footstieg langut, de över de Wisch leep. Bet wi wedder vör en Klamp

stunn, nochmal över'n Graff swalken, un so noch eenmal un vele Male, bet wi uns dörch en Krüüz dreihn un op'n Schoolhof stunn. Dat schull nu unse Heimat warrn, dat lütje eenfache Strohdackhuus? So dach ik. Man mien jungen Mann sä ganz stolt to mi: "Na, wat meenst dorto!" För em bedüüdt dat ja endlich Amt un Würden. Arbeiden in sien Beruf, denn he so leev harr. Aver mi sack dat Hart enerwegen hen-, na-en lütt Stück över de Kneekehln. De Sünn plier dörch'n Lock in de griesen Wulken, verkroop sik aver ganz gau wedder. Dat harr ik ok geern daan, man ik muß Farv bekenn', much mien Mann de Freid man nich to dull utschänn. Dor sä ik mit Theodor Storm sien Wöör: "Ein halb verfallen, niedrig Haus steht einsam hier und sonnbeschienen." Droop dormit den Nagel op'n Kopp, denn dor geev dat nich mol Naverslüüd. Wiet uteneen legen de twentig Hüüs, de to't Dörp höörn, in't griese Land. Sowiet de Ogen gung' blots uns Dörp, achtern Diek de Eider un ganz in de Feern, dor, wo wi herkemen, op de hoge Geest, de nächsten Dörper.

Unsen Vorgänger weer al uttrocken, un so gung, as wi wedderkemen, eerstmal 'n groot Reinmaken vun Stapel. Wiel dat man en arm Dörp weer, mussen wi ok sülm mit Farvputt un Pinsel to gang, dormit dat 'n beten fründlich utsehn worr, bet unse Meubeln keem. De Deck in de Köök weer blots ut holten Breed, de noch nichmol en an annern seten. So harr ik bald

mehr Schiet in Pinsel, as Farv. Opletzt worr
dat aver doch ganz enigermaten.
Nu kunn de Meubeln kaam. Man so ganz een-
fach weer dat je nich: wosük schull de Meubel-
wagen över de Klampen kaam, wo en noch nich-
mal mit'n Kinnerwagen röverkeem! Dat hölp
all nix, de Fohrmann muß en Rollwagen achter
sien Meubelauto hangen. Dormit fohr he bet ün-
nern Diek.
Peer worrn bi'n Buer lehnt, vör'n Rullwagen
spannt un denn ümmer'n paar Stück to Tiet över
de Wisch bet nah de Hofsteed ranfahrt, wo se
wedder vör'n Graff stunn. Vun hier mussen de
armen Lüüd de Meubeln Stück för Stück över de
Klamp un över'n Hof in't Huus rindregen. Hin
un her, her un hin, ümmer noch mal, bet allns
binnen weer. Dor harrn se sik en deftige Mahl-
tiet un en Buddel Beer wiß verdeent!
As allns an sien Steed stunn, Gardien an de
Fenstern un Biller an de Wannen, as de Kachel-
aven 'n leefliche Warms vun sik smeet, un de
Petrolumlamp ehrn gelen Schien över Disch un
Wannen glieden leet, dor weer dat heel gemüüt-
lich bi uns. Un wi frein uns op dat Leven, dat
vör uns leeg. Ja, hier geev't noch keen elek-
trischen Strom, hier weern wi noch in de ole,
gode Tiet. Ümmer muß ik in Düstern mit de
Lamp in de Hand dörch't Huus gahn. Un dat
gefull mi gaarnich! So'n lütten Püster givt nich
veel Licht, un bi't Lopen glinschen Licht un
Schadden gespenstig över de Wannen. Wat weer

ik ümmer bang, wenn ik morgens halv söß mit mien lütje Funzel in de Hand na' Schoolstuuv rövergung, dat Füer antoböten, dat de söben Kinner Warms harrn, wenn se den wieden Weg nah School hen kemen. Mien Mann sleep noch deep un fast. Ik leet all de Dören achter mi wiet open, en kunn je nich weten, ob sik en rinsleken harr, de mi den unverwahrens bi'n Kragen kreeg. Un mien Mann muß mi doch schreen höörn künn. Ne, ok doch, wat harr ik 'n gräsige Angst! Weer de Klassendöör achter mi to, stunn ik op de Deel un haal so recht vun Harten Luft. Un denn weer de Bang verflogen. An' Kaffeedisch wull ik wedder opleven, dach ik mi. Weer man nix mit, dor harr'n Uhl seten. De Kaffee smeckt gräsig, dat Meddageten nich beter, Tee ok nich, un Tassen un Teller, Pütt un Pann harrn so'n richtigen Smeerkrink. Igittigitt, dat keem vun't moorige Water.

Avfinnen muß ik mi ok mit Lampenputzen un Petrolum ingeten. In Düstern geiht sowat nich: wulln wi Avends Licht hem, muß ik bi Dag putzen. Bald worrn wi inlaadt to'n Avendvisiet. Wi frein uns bannig dorto. Wulln wi doch dat Leven op'n Lann kennenlehrn un in de Dörpsmeenschop opnahmen warrn. Ik harr bi Dag uns Tüüg torechtleggt, wiel dat bi't swacke Licht vun de Funzel slecht gahn harr. Mit Singen un Fleuten maken wi uns smuck för unsen eersten Utgang. Avendbrot wulln wi'n beten eher eten,

denn dat weer en wieden Weg bet hen nah unse
Gastgever. De Klock sloog söß, dor klingel dat
an unse Döör. Wi weern nich slecht verfehrt,
dat unse Navers, wenn en dor överhaupt vun
snacken kunn bi so'n Feern, uns al afhollen
wulln. Gau smeten wi uns in de Plünn, un denn
gung't loos. Man goot, dat unse Navers en
Stallanteern mitharrn, sunst weern wi mien-
daag nich hinfunnen. Gung dat doch över Klam-
pen, Wischen un Fennen bet an't anner Enn
vun't Dörp. Överall seeg en lütje Lichter dörch
't Düster swalken. Dat weern all de annern ut uns
Dörp, denn wenn in't Moor fiert worr, kämen
se all Mann. To Huus bleev alleen, de garnich
mehr krupen kunn. Bilüttens stötten ümmer
mehr Minschen un Lanteern tosamen. Dat weer
en richtige Prozeschoon ünner de grote, all-
mächtige, steernbeseite Himmelskuppel över
dat wiede Moor.

Nah'n halv Stunn dradigen Marsch weern wi an-
kamen. Hell schien dat Licht ut de open Huus-
döör, un op de grote Deel geev't en luuthals,
lustig Begröten. Nun endlich segen wi de Lüüd
vun Angesicht to Angesicht, mit de wi so lang
dörch de Nacht wannert weern.

In twee Stuven weer deckt, in den en keem de
Mannslüüd to sitten, in de anner de Fruuns. De
Dischen bogen sik ünner de Kokenbargen, un
ümmer mehr Torten worrn rinsleept. Un denn
lepen de jungen Deerns mit grote Kaffeekannen
um de Dischen, schenken in, un de Schüddeln

küseln umbi. De Kokenbargen op de Tellern worrn so hoch as de Toorn vun Babel, un mien Ogen so groot as de Tellern. Wo leten de Lüüd dat blots!

As mit Gewalt nix mehr rinn wull in de Maag, stunn de Mannslüüd op un wannern nah'n buten. Nah'n Tietlang keem se suutje weller torüch, ümmer noch bi süm Snack vun Ossen un Köh. Aha, de weern in' Stall!

Boots! Nun stunn ok de Fruunslüüd op, ik mit, un, de Hannen ünner de Bost krüüzt, wannern se, wohin wull? Ok nah'n Stall. Ik keem mi recht unglücklich vör mang de Beest, de in twee lange Regen in de Boos stunn un legen. Twüschen süm weer en smallen Gang - un in den Gang wi!

Dat Slimme weer, dat de Beest uns den Achtersen tokehrn. Jedes Deert worr basig beswöögt, ok mal deftig in't Achterdeel pett: "He, Olsch, hoch mit Di, man nich so fuul!" Dat Tier schull sik doch wiesen! Man verstunn't verkehrt, nehm den Steert hoch, un - platsch, platsch gung dat loos! Unglücklich keek ik mi um, denn en grote Unruh gung dörch den Stall. Överall fung de Beest an, in'ne Hööch to kamen. De Buurfruuns schien dat garnich to röhren, in' Gegendeel! Mit eens faten se sik vör un achter ünner de Röck, nehmen se hoch un hucken ok al mang de Kööh. O, wo kunn ik blots hinflüchten! En Utweg geev't nich, denn an't Enn vun' Gang weer de Booswand. Aver hier weer't wenigstens

27

düster, - un - ik muß je ok mal! Och wat schiet! Rasch huck ik mi dahl, - ik föhl hüüt noch, wo root ik worr. Denn aver gau wedder rin, denn de Stall weer intwüschen leddig, bet op mi un de Köh. De weern nu all munter. Hier nehm en den Steert hoch, un dor ok. Hier rausch dat un dor platsch dat! Ik sprung vör - un wedder torüch, vör - torüch, hier noch gau vörbi, dor wedder torüch, vör, torüch, vör - torüch - vörwarts - rrruuut - och! Dat weer noch mal gootgahn, bet op Mist an de Hacken weer ik rein bleven.

In de Stuuv damp intwüschen de Grogketel, de Karten worrn misch, un denn worr Duppelschaapskopp speelt mit'n barg Larm bet deep in de Nacht. - So gung't den ganzen Winter reegum vun Hoff to Hoff. Un keen noch so slecht Weder, keen Frost un keen Snee kunn uns wat anhem: keneen bleev to Huus. - Un ik lehr mit de Tiet, mi in' Kohstall so to benehmen, as weer ik op'n Lann groot worrn un harr't ni nich anners kennt.

Ganz liesen worr dat Fröhjahr. Toeerst keem de Leerken, dor leeg noch Snee op't Land. Liekers stegen se in Heben un sungen "wiet, wiet, wiet, wiet, dat Fröhjahr is nich wiet, wiet, wiet, wiet." Eerst weern't man en paar, gau worrn't ümmer mehr, bet de ganze Heben en eenzig Tiriliern weer. Nun keem ok de eerste Överswemmung, de de Regierungsraat mien Mann toseggt harr. Vun unse Finstern ut sehn

wi de Bescherung. Bi uns weer't eenigermaten dröög, man en beten wieder lang nah Westen stunn de Hööf as in en groten See. Vun de söben Kinner keem man de halben, un de en lütt Deern, de bi mi Handarbeiden lehr, seet in mien Stuuv, wo wi twee um de Wett knütten. Dat weer mien Deenst: Handarbeit, School reinmaken un Füerböten.
Mien Mann muß dorför de "Tante-Meiers" lerrig maken. De weern noch ganz ooldmoodsch, dor weern noch niemal Ammers in. Blots eenfach holten Kisten mit starke Bögels ut Lesendraht. Weern de Kisten full, muß he buten ünner de Wand en Luuk openmaken, un de vulle Kist an den Bögel ruttrecken. Denn steeg he in den Bögel rin, nehm em as'n Peergeschirr vör'n Buuk un suus dormit as mit'n Sleden över'n Schoolhof un rin in unsen Gaarn. Un ik achter de Gardienen heel mi den Buuk vör Lachen. Bilüttens kreeg de Sünn dat Land dröög. De Koppeln worrn gröön, de Martjes blöhn, un Köh un Kalver worrn rutjaagt in de Wischen. Jeden Dag blöhen mehr Blomen un de Sünn steeg ümmer höger. Vun Dag to Dag worrt warmer. Och, wat weer't nu schöön in't Moor! De warme Wind strakel lies' un week över de Huut, över dat gröne Gras un de gelen Botterblööm. Dat weer en Freden un en Ruh, as en se nu narms mehr findt. De eenzige Luut weer dat Jubiliern vun de Leerken baben an blauen Heben un af un an dat Blöken vun en Koh.

Nu kunn wi weder grötere Radtuurn maken. Un
bi de Gelegenheit bestelln wi allns, wat dorto
höör, um en groot Filter för dat slechte Wa-
ter to buen. Unse Navers harrn uns vertellt,
wodennig en dat maken muß. Op en stark Ün-
nergestell, vun Ramaker buut, keem en gro-
te Tünn, de mal dat reine Water opnehmen
schull. Baben op keem dat egentliche Filter:
en holten Waschbalge mit en löckerigen Borrn
as en Seev. Un dor in worr Sand, tweikloppte
Tegelsteen un Holtköhl inschicht. Nu dreih
mien Mann in't ünnerste Enn vun de Tünn en
richtigen Hünken (Wasserhahn), un, Jungedie!,
mit wat vun Höög hebbt wi beiden Water pumpt
un Ammer för Ammer baben opgoten. As dat
dörchsickert weer, dreih ik den Hünken vun
mien "Waterleitung" open: "und siehe, er sah,
daß es gut war." De Sommer keem in't Land
mit all sien Blöhen un Grönen. Mit Heu-Aarn
un Baadfreuden un Ferienbesöök. Mit Gaarn-
arbeit un Inmaken: wat för'n Riekdoom wuss uns
ut unsen Gaarn to!

Langsam un sachen keem de Harvst. Un in
Harvst schull uns eerst Kind boren warrn. Ik
harr mien Moder al mal fraagt, wo dat denn is?
Mi düücht, ik muß dat doch weten, wiel wi doch
gar to eensam wohnten. "De kaamt Di nich an-
singen", weer allns, wat ik to weten kreeg.
Nu spitz ik op'n "Kaffee" ümmer höllisch de
Ohren, wenn vun't Kinnerkriegen snackt worr,
ok weer ik mal bi'n Dokter ween. He meen, he

muß sachts lever dorbi ween, wi schulln em ropen, wenn't sowiet weer.

Ik harr utrekent, dat uns Baby an 2. Oktober boren worr. Dorum bestelln wi för de letzten acht Dag vörher en Nachtverbindung vun't nächste Telefon (de Gastweertschop, 'n halve Stunn weg) nah'n Dokter. Damals seten noch "Freuleins" op't Amt. Selbstwähler weer noch nich erfunn', un Nachtdeenst geev't op'n Lann ok nich. Eersten Oktober fung de Harvstferien an. Nahmeddags weer Arbeidsmeenschop för de Junglehrers wiet weg in en Geestdörp. Dor muß mien Mann hin, op Fahrrad. Ik muß de Schoolklass gründlich reinmaken, Dischen un Banken afsepen, Finstern putzen, Footborrn schüern, – do fung de Wehen an. Wat nu? – Eerstmol nah Köök un Water in Waschketel füllen, Füern dorbi stellen. Denn Papier un Holt in't Füerlock leggen un Riedsticken dorbi. So, nun leeg allns praat. Babytüüch torechtleggen! Denn wedder rin in de School un den Footborrn ölen mit Stofföl.

To Avendbroot keem mien Mann wedder. Ik sä, wat loos weer, meen aver, wi kunn naher ruhig noch eerstmal to Bett gahn, ik worr al to rechter Tiet Bescheed seggen. Klock ölven waak ik vör Wehdaag op. Ik schüddel mien Mann waak un sä: "Dat is so wiet, Du mußt loos!" Aver krieg mal en Mann merrn in de Nacht ut' Bett! "Dat geiht wull noch wedder över", meen he ganz jappsch un dreih sik um. Ik muß em doch noch gehörig stupsen, eher he sik op de Strümp maak. He mark nun aver doch, dat dat höchste Tiet worr. Fohr slünig in de Büx un weg weer he. Dor leeg ik nun moder-selenalleen! De Wehn keem al in recht korte Afstänn un quäln mi orrig dull. De Tiet gung dorhen. Snaaksch, dat mien Mann garnich wedderkeem! Nah en annerthalv Stunns Tiet keem en Minsch op holten Tüffeln de Steenbrüch langklabastert.

Dat weer doch ni un nimmer mien Mann! De weer op leddern Schoh weggahn, dat wuß ik wiß.

Denn stunn unse Weertfru, Lene, an mien Bett. Se kunn knapp japsen, so harr se lopen. Ünnerwegs weer se mehrmaals ut de Tüffeln pedd, un kämmt harr se sik ok nich eerst. Man dat maak nix: ik weer nich alleen! "Wi kunn den Dokter nich faatkriegen", sä Lene, "dor weer garkeen Nachtverbinding maakt worrn. Nu is Dien Mann ünnerwegens nah Kleve, de Hebamm to holen, un vun dor nah Hennstedt, den Dokter ruttopingeln." (Man nich op Asphaltstraten as vundaag, de geev't noch garnich) De arme Mann, he dä mi richtig leed. Man ok Lene duer mi, harr se doch sülm keen Kinner un wuss nich, wosük dat is. So schreeg se denn ok duller as ik: "Nu wees Du doch blots still", muß ik ehr begöschen, "Du kriggst doch keen Kind!" Endlich, de Nacht weer meist rum, keem Dokter, Mann un Hebamm in't Dokterauto an.

De Dokter beföhl mi, meen: "Alles in Ordnung",

un leet mi alleen. Bi de lütje, trurige Kökenfunzel. De annern veer seten in de Wohnstuuv um den runden Disch ünner den groten Blitzbrenner un vertelln sik wat. Af un an keem de Dokter, befőhl mi un gung wedder weg.

Bet kort vör de Geburt. Dor kreeg ik noch en lütje Sprütt, un as ik to mi keem, weer de Jung al dor. Man wat weer dat? Wi weern all swatt as Negers. Swatt de Gesichten, de Hals, de Hannen, den Dokter sien vörmols witten Kragen, de Ohrn un sogar de Neeslöcker. Ok dat Kind! Wat weer los? Mien Mann harr den Dunten (Docht) in de Lamp orrig hochschroven, se bruken je goot Licht. In de Opregung harr aver keen en markt, dat dat vör dull röker. Wiel de Dokter mi noch'n beten neihn muß, harr dat orrig lang qualmt. Ja, wi künnt mit Recht seggen: unsen eersten Jung is dörch'n Schosteen fulln.

Dit Jahr sett de Winter al recht fröh in, un he weer lang un hart. Bald harrn wi keen Water mehr, de Pump leet sik nich mehr opdauen, kunnst Di op'n Kopp stelln! Wi hauen en Lock in't Ies vun'ne Graff, düppen den Ammer rin, un dat Water mussen wi för allns bruken, ok to'n Etenkaken! En Stoot later gung ok dat nich mehr, dat Ies gung bet op de Grund. Nun muß ik Snee rinhaaln un opdauen. To'n Glück leeg he so hoch, dat he so licht nich all worr. Man wer dat noch nich daan hett, weet nich, woveel dorto hőört, um noog Water to kriegen to'n

Etenkoken un Kinnertüüg waschen. Dat weer aver all nich so slimm. De Sünn schien so schöön op de witte Pracht un schien ok in unse Harten. Wi weern glücklich mit unsen lütten Jung.

Mien Mann muß ümmer noch alle veer Weken to Arbeidsmeenschop. Dat weer bi de Küll op Fahrrad ok keen Spaaß! Oftins muß he 15 Kilometer op slechte Straten fahrn. Denn fahr he glieks nah't Meddageten loos un keem Avends in balkendüstern wedder.

So weer't ok en Dag in Januar. Dat weer bitterkoold, Tweeuntwentig Graad ünner Null. In hellen Sünnschien fahr he loos. Ik maak dat Meddageten an de Siet, wusch de Schüddeln un maak de Köök rein. De Breefdräger keem un broch en Breef vun mien Moder. Ik sloot all de Dören to, as ümmer, wenn ik alleen weer. Sett mi denn in de Stuuv, den Breef to lesen. Unsen Lütten sleep in sien Wagen.

Rums, reet en an de Huusdöör. Nanu, dor keem sunst doch keen Minsch um düsse Tiet! Wer much dat ween? Ik gung nahkieken, man de Kerl weer al um't Huus rumgahn nah de Achterdöör. Dor seeg ik em an't Finster vörbigahn. O, Gott, dat weer en groten Monarch (Landstreicher). Mit en deftigen Stock, sien Plünnen in en root Daschendook inknütt. Am besten, ik leet mi nich hören un sehn, denn worr he wull wiedergahn. En paarmal gung he noch um't Huus, denn weer't still. – Nu is he weg, dach ik, un gung an't Finster nahsehn. Just do keek de Kerl vun buten rin! Ik verfehr mi so, dat ik rüchlangs bet an de Döör floog. Wat nun! Nun wuß he, dat ik alleen in't Huus weer. Och wat, trööst ik mi sülm, de schall wull wiedergahn, wenn em de Tiet lang un de Fööt koold warrt. Wedder gung he en paarmal um't Huus un rüttel un schüttel vör doll an all de Dören. Un jedesmal, wenn he bi de Tante-Meierdöörn weer, fung de Aanten in Stall luuthals to snötern an. So wuß ik ümmer, an welke Döör he weer. Denn worr dat wedder still, unheemlich still! Ik kladder to Böhn, uttokieken, nah wat vun Siet he afwanner. Man wo ik ok utkeek, narms weer en Minsch to sehn. Dat weer ja spaßig! De kunn doch nich eenfach so verswinn'! Ik keek jüst wedder op de Westsiet ut, dor krööntje he ünner de Wand. De oll ekliche Kerl weer also ümmer noch dor! Warum gung he nich weg? He kunn doch de annern Hüüs liggen sehn? Wenn he beddeln wull, kunn he doch eenfach woanners hingahn! Ne, dach ik, de hett sehn, dat hier en blootjunge Fru alleen in't Huus is, dor kannst noch en beten mehr hollen as en Stück Broot. Nun överlegg ik: baben blieven kunn ik nich, dor seet ik in't Muuslock, wenn em dat glücken schull, rintokamen. Ik muß wedder rünner! Eerst sleek ik mi nah mien Lütten. De sleep so sööt, obgliek he al lang de Bost harr hem schullt. De Klock weer dree, en Stunn över sien Tiet! Hoffentlich sleep he so lang, bet de verdreihte Kerl

weg weer. Nun fung buten dat Rappeln an de
Dören wedder an. De Huusdöör weer al orrig
leeg, wenn se doch blots nich nahgeev! Wosük
kunn ik am besten wegkamen, wenn de Kerl rin-
keem? Natürlich, ik muß nah "Tante-Meier"
gahn! Denn ob he bi de Huusdöör, orr bi de
Schooldöör, de Achterdöör orr de Waschköken-
döör rinkeem, ümmer kunn ik wegwitschen,
wiel uns "Klo" twee Dören harr, en nah'n bu-
ten un en nah't Huus rin. Funn he aver de Klo-
döör, un he weer mennigmol dicht dorbi, wat
mi de Aanten verraden, denn kunn ik dörch't
Huus wegkamen un kunn ok mien Kind mitneh-
men. Dor seet ik nun bi tweeunttwentig Graad
ünner Null un buten gung de Mann um't Huus!
De Tiet vergung, man nich de Kerl! De reet an
all de Dören, de Aanten snötern un de Küll kroop
ümmer deper in mi rin. De grote Angst lee
sik, as wenn se infroorn weer. Ob ik mal'n
Kiekloch in't tofroorn Finster blasen dä? Man
dat weer so koold, dat froor glieks wedder to.
Ik steek en Tietlang en Finger in' Mund un heel
den an't Glas, ganz fast, so kunn ik gau mal
nah'n buten kieken. Man nüms weer to sehn!
Worüm ok, wi segen je sünst ok keenen Min-
schen as den Breefdräger! Mennigmal sään
wi ut Spaaß to'n anner: "Kiek gau mal ut, dor
buten löppt en Hehn!" Goot, dat de Snee so hell
lücht, ik much dor nich an denken, wat in Düstern
worr! Snaaksch, dat den Kerl dat nich över
worr. De luer je wull solang, bet de Navers in

Schummern nich mehr sehn kunn, wat in de School passeer.

Mien Kind fung an to schreen! Dor geev't för mi keen hollen mehr. Ik rin in de Stuuv un nehm mien Kind op'n Arm. Dor höör ik den Kerl an'ne Achterdöör wackeln. Ick pack gau mien Kind in warm Küssen, leep in de Slaapstuuv, maak dat eenzige Finster, dat liesen opengung, loos, kladder mit dat Kind op'n Arm ut Finster rut, drück dat vun buten an un nehm de Hacken in de Hand. Rönn weg, al wat dat Tüüg hollen kunn, över Klampen un Wischen nah unsen nächsten Naver. Umkeken heff ik mi keenmal, ik harr Angst, mien Been leten mi in' Stich. Ganz ut de Puust keem ik dor an. As ik den jungen Peter Hein mien Geschicht vertellt harr, woog he en groten, swaren Schruvenslötel in sien Fuust un meen, dat worr em graad mal Spaß maken, denn Kerl to versohlen. Ik broch mien Lütten rin un gung mit em röver nah School. Man soveel wi ok keken, keen Monarch weer to sehn. De harr, as he mi lopen seeg, in anner Richt dat Wiede söcht un leep nu achtern Diek. Achterher bi de Küll, dorto harrn wi keen Lust. So trock ik mi eerstmal en Mantel an, woto ik mi vörher garkeen Tiet laten harr, maak dat Finster to, sloot dat Huus goot av un gung mit nah Heins röver. Hier bleev ik, bet mien Mann mi afhollen dä. Denn kein tein Peer kunn mi an den Dag wedder nah Huus slepen. As mien Mann de Geschicht höör, lach he mi

luuthals ut. He meen, ik harr mi wat inbildt.
Dat hett weh daan, ik weer höllisch insnappt,
harr ik doch dacht, he worr mi in Arm nehmen
un begöschen. Annern Dag muß he dat aver doch
glöven, denn de Kerl harr twentig Minuten nah
de Tiet, in de ik weglopen weer, op de Pump-
statschoon ünnern Diek um en Stück Broot bed-
delt. Dat weer 'n goden Vörwand, un nich mal
logen, denn he hett nah de twee Stunn in de Küll
sachts würklich Hunger hatt.

Bi de eerstbeste Gelegenheit broch mien Mann
'n Revolver ut de Stadt mit, un denn muß ik
scheten lehrn. Dat weer'n Komeedi! Ik harr
so'n Angst vör dat lütt swatte Dings! Den Arm
wiet utreck, de Ogen toknepen, so drück ik af.
Am leefsten harr'k ok noch beide Ohren tohol-
len, man dat gung je nich. Mien Broder, op
Semesterferien nah Huus kamen, sloog de Han-
nen övern Kopp tosamen: "Schaßt sehn", reep
he, "de schütt noch den Breefdräger doot." De
gode Mann bleev leven, man ik bleev nich mehr
alleen in't Huus, wenn mien Mann wegmuß. Denn
muß he mi eerst den Kinnerwagen mit över de
Klampen dregen, un ik fahr mal nah Naver Hein,
mal nah Lene, de Weertsfru.

De Buern gung't to de Tiet nich goot, ja, man
kann wull seggen, orrig slecht. Knechten un
Deern kunn se in Överfloot kriegen, man harrn
se keen Geld dorto! Wenigstens in uns Dörp
nich. Maschiens as hüüt to Dag geev't ok noch
nich. So seeg ik denn mien junge Naversche

mennig leven Dag baben op den groten Misthupen stahn, un mit de Fork de Wagens beladen, de ehr Mann op't Feld fahr un verdeel. Dag för Dag vun morgens bet avends, bet allns affahrt weer. Denn wink se mi en Grööt to mit'e Mistfork: "Gah man rin, Unkel is binn'."
Unkel weer de jüngere Broder ut de vörige Generaatschoon, de op'n Hoff dat Gnadenbrot harr. Sien eenzige Arbeid weer Piepsmöken un Kinnerwahrn. De lütje Wiebke weer en halv Jahr öller as mien Hans. Se leeg in ehrn Wagen un speel mit ehr Fööt. Ut ehrn Wagen rüük dat orrig scharp, denn Wieschen weer de meerst Tiet sik sülm överlaten. Unkel weer al orrig swaarhörig. Veel vertelln kunn wi uns nich. Dat weer heel still in de Stuuv. An de Finstern summ de letzte Winterfleeg, mien Lütten sleep, Wieschen babbel vör sik hen, ik weer an't Knütten un Unkel hung sien Gedanken nah un soog genüsslich an sien halvlange Piep. Höör he dat nich, wat de Piepensaft so schöön in't Rohr op un af schmurgel? Hiiiiiii rrrrrr, hiiiiiii rrrr, gung dat op un dahl. Keem em dat jüst mal in' Sinn, denn nehm he sien lütje Nichte ok wull rut ut'n Wagen un heel ehr af övern Obenvörsetter, un dor bleev de Pütz, bet so vun sülm opdröög.
Dit Jahr wull de Winter garnich wedder wieken. Man opletzt muß he je doch. Aver eenmol wull he noch ganz gehörig sien Macht bewiesen. Dat weer an ölften Mai 1929. Dat Veh leep al'n go-

de acht Daag buten, de Sünn schien, dat weer
en richtigen schönen Maidag. Mit eenmal trok-
ken grote Wulken op, so'n richtig gneternswat-
te! Dat worr gehörig so'n beten schummerig.
Lies full ut de swatten Wulken witten Snee. Hui,
fung de Wind to fegen an, ümmer doller, im-
mer stiever. Wi keken ut' Finster. Dor segen
wi ok al de Buern dat Veh tosamendrieven, so
gau se kunn, damit dat ünner Dack keem. Lüt-
ten Ogenblick segen wi noch, wo se sik afrak-
kern. Denn worr de Snee so dicht, en seeg nich
mehr as'n gries-swatt Danzen un Drieven. De
Storm huul um't Huus un jaul in' Schosteen. Wi
steken de Lamp an, so düster weer't.

Den annern Morgen schien wedder de Sünn, as
weer nix ween. Se harr ehr Last, den Snee op-
toslicken. Un denn keem se ünnern Snee ünner-
rut, de düstern, natten, doden Deerten, de bi dat
Unwedder in de Grabens fulln un versapen
weern.

Nun leet dat Fröhjohr sik nich wedder ünner-
kriegen. Vun Dag to Dag worr't warmer un
schöner. Wi harrn'n unbannige Lust, mal weg-
tokamen ut unse Eensamkeit. Mit'n Baby in'n
Wagen is dat aver so'n Saak in de Laag, in de
wi weern, man bet nah mien Öllern worr't sachts
gahn. Harrn wi Sünnavends dat Meddageten in'
Lief, pack ik gau en Bünnel Kinnertüüch tosa-
men, maken wi uns al dree smuck un jagen rop
nah Hennstedt. Dat worr denn allerhöchste Isen-
bahn. Wat smeet ik mi in't Geschirr! De Kin-

nerwagenrööd malen sik deep in den Sand! Ganz un gar ut de Puust kemen wi nah en Stunns Tiet bi'n Bahnhof an. Oftins hören wi vun wieden den Tog avflöten un sik wedder in Gang setten. Denn fiel mien Man av, allns, wat he kunn, ik achterran mit Kinnerwagen. De Mann mit de rode Mütz, he kenn uns mit de Tiet, harr en Insehn un flööt den Tog allemal wedder av. "Dat kann je nich angahn, wenn jüm al sowiet lopen sünd, nich mit to kamen. Stiegt hier man gau in' Gepäckwagen." Denn wink he mit de Kell un av gung de Post.
Torüch an'n Sünndagavend weer noch leger, denn wi harrn 'n Barg mittoslepen, wat unse Öllern uns inpackt un wat wi inköfft harrn. Denn bi uns in't Moor geev dat kenen Höker, kenen Slachter, kenen Bäcker, nix, blots en Flickschoster, den geev't. En Pappkassen stunn op dat Krüüz ünnern Kinnerwagen, en op't Footenn op de Deck. En Tasch hung över'n Greep, un mien Man sleep en Rucksack op'n Puckel.
Stunn wi op den hogen Kleev un sehn wiet achter in't Moor uns lütt Huus, sä mien Mann tofreden: "Gottseidank, dat steiht noch!" Denn smuu - stergrien ik, he harr jümmers hellisch Angst, dat Huus brenn af, wenn wi nich dorweern. (Dat steiht vundaag noch) Noch deper malen de Rööd sik in den Sand, de Wagen weer je veel swörer as Daags vörher. Mien Mann sneden de Rucksackreems ümmer doller in de Schullern. Natt vun Smeet un mööd, ach so mööd, kemen

wi nah Huus.

Av un an keem de Pastor rut nah uns. Nah Kark to gahn weer't för de Buern un olen Lüüd to wiet. So keem de Kark to uns in't Dörp. Alle veer Weken schreev de Pastor en Postkaart, denn un denn bin ik dor. Denn drogen de Kinner de Nahricht in de Hüüs. Ik maak de Klass'n beten smuck mit Decken un Blömen, un wenn de Pastor de Olen noch dat "Avendmahl" geven wull, stell ik noch'n Disch rin, bree en witte Deck dor över för de hilligen Kannen un Beker. De Preester, he weer en vun dat Slag, de sik sülm as de leve Gott vörkummt, muß liekers op Fahrrad rutkamen, em bleev eenfach nix anners över. De Talar seet in en Tasch achter ünner de Sprungfeder. Harr he sik umtrocken, worr de Schooldöör open maakt un de Lüüd, de buten al luern, keem rin.

Wi sungen so goot wi kunn, man he harr mennigmol beter predigen kunnt. Dat, un sien Aart weer nich dorto andoon, dat ik veel vun em heel. Man he heel ok nix vun mi. Un dat keem so: To de Andachten keem ok ümmer de ool Oma Kock. Dat weer so'n feine, gemüütliche, rundum pummelige Fru. Un wegen ehr Öller geev ik ehr ümmer den besten, weeksten Löhnstohl. Och so, ik mutt je vertellen, dat de Karkgänger naher bi mi nah Stuuv rinnödigt worrn to Koken un Kaffee. (Un nu weet ik nich, kemen se wegen de Andacht, orr wegen den Kaffee?) De Pastor keem toletzt rin, he muß sik je den

Talar wedder uttrecken. Kuum keem he to Döör rin, denn sprung ool Oma Kock op, so gau ehr Punn' dat toleten und reep: "Herr Pastor mutt den besten Platz hem! Herr Pastor, hier, setten Se sik dahl!" De Pastor, halv so oold as Oma Kock, nehm ehrn Platz mit de gröttste Selbstverständnis an, smeet sik rin und keek in de Runn, as wull he seggen, siehst wull, de weet noch, wat sik höört! Man dat kunn he bi mi man eenmal maken! Dat anner Mal pass ik op. Ik stunn al achter Oma Kock praat, un as se opstahn wull, drück ik ehr dahl: "Ne, Naversche, de Pastor is noch jung, de kann op'n annern Stohl sitten!" Na, dor weer de Baart av! He bedach mi in sien Predigten dorför so düütlich, dat de Buern dat marken. Dat weer en Spaaß! "Hüüt hett he Se aver wedder meent", worr denn lach. Un wer toletzt lach, dat kennt en ja.

Malins, de Ooln harrn dat Avendmahl nahmen. Wi seten in de Stuuv un luern op den Preester. De Kaffee worr bilüttens koold. Dor gung ik in de Klass, nahsehn, wat de Paster maakt? Ik seeg em buten op'n Schoolhof, in'ne rechte Hand den Kelch, de linke dor överdeckt. As so'n Deev in de Nacht schuul he eerst nah de een Siet lang, gung en paar Schreed in de anner Richt, schuul dor lang, un denn, wuppdi, goot he Christi Bloot in hogen Bogen in'n Sand. Mien Globen kreeg en groten Sprung, de nich mehr utheelt is.

In Harvst keem mien Öllern, se wulln över Winter bi uns blieven. Weer ik froh! Nu bruuk ik keen Angst mehr hebben, ik weer je ni nich mehr alleen! Wi harrn en schöne Tiet mitenanner. Uns Lütten lehr an Opa's Hand lopen, mien Mann arbeid för sien twete Lehrerprüfung un Mutter un ik pusseln in't Huus rum un sorgen för Gemüütlichkeit. Ok in de Wiehnachtsferien bleben wi to Huus un smücken uns en groten, feinen Dannenboom. Ja, dat weer heel schöön bi uns!

Anfang März reisen mien Öllern wedder av. Bald keem ok de Herren vun de Regierung un nehmen mien Mann de Prüfung av, de he mit "goot" bestunn. En Dags keem en Mann op' Fahrrad anfahrn: "Is dit hier de School?" He schull as Lehrer hierher un op he wull de Wohnung mal sehn kunn. Wi hebbt em wiß ganz verboost ankeken, so fulln wi ut all de Wulken. Wi harrn doch keen blasse Ahnung, dat wi annerwo hinschulln. Mien Mann fahr nah'n Schoolraat, un richtig, dat weer so. Wi schulln an en grötere School. "Einen Mann wie Sie können wir an anderer Stelle besser einsetzen. Sie sind zu schade für die Zwergschule."

Weer dat en Höög!

Nu gung dat heel gau, weer dat doch blots noch en paar Weken bet Ostern.

De Möbelwagen keem. Noch eenmal gung de Plaag los över Klampen un Wischen, man ditmal düücht uns dat lang nich mehr so slimm

to ween. Dorbi harrn wi nun doch veel grötttere Fracht, nich blots an Möbelmang! As wi keem', weern wi twee, nun wi gung', weern wi dree, egentlich veer, wenn wi dat mitreken, wat ik ünnern Harten droog.
All de velen, velen Leerken in blauen Heben juuchen mit unse Harten in de Wett! - Man, wenn ik dat recht bedenk: Schöön weer't doch in uns Moor.

Kinddöpp in Koog

Wat gung dat op den Witthoff in' Koog hoch her! Kuum weer de Fru ut' drütte Wekenbett rut, dor worr dat hele Huus op'n Kopp stellt. De beiden Köökschen weern an't schrubben un kloppen. Betten un Gardinen hung' an de Tüüglien, un Naversche Voss weer in Gaarn an't hacken un harken. Dat harr man so'n Aart. As allns rein un blank wedder an sien wennten Platz stunn un hung, dat ganze Huus vun' Böhn bet nah'n Keller nah Sauberkeit un Seep rüük, weern de Fruunslüüd avends in' Schummern mang de Höhner to griepen. De slogen mit de Flünken un schregen luuthals, bet - ja, bet de Fruunslüüd süm den Hals umdreihn.

Dat weer den annern Dag en ruppen in de Waschköök! De Feddern stoven dorvun dörch de open Döör un leten sik vun' Wind hoch in de Luft dregen. Vun de Köök her kroop en swaren, söten Kokenruch dörch't Huus un lee sik över den Sependunst.

Annern Dag fröhmorgens keem de Kookfru in't Huus. Bald brutzel un braad un kook un smuddel dat op den groten Heerd. De Deerns un Fru Voss harrn de langen Dischen in de groten Stuven deckt. De Buerfru keek nochmal nah, op allns in de Reeg weer: de Gäst kunn kamen to Kinddööp. De Hauptperson, de lütje Deern, sleep in't lange Dööpkleed in ehrn Wagen.

De eersten Spannwarken keem de lange Allee

langut karjoolt. "Jüm künnt anfangen, un dat Fleesch snieden. Aver denkt dor ja an, dat de Paster en Steertstück vun de Höhner kriggt, de itt he am leevsten!" Den mussen de Buer un sien Fru Hannen drücken un de Gäst süm Platz anwiesen. Wagen nah Wagen rull op de Opfahrt. As dat still worr op de Deel, keek Naversche Voß dörch en Ritz vun de Kökendoor, wink torüch: "Jüm künnt anfangen!"
Wat mussen de Deerns, smuck antosehn in süm witten Schörten, sik ranhollen. Drogen Supp op, Fisch und Fleesch un all de Todaten an Gemüüs, Kantüffeln un Inmaaktes, lepen, rönnen, slepen: vulle Schüddeln rin, leerige rut. Opletzt jappen de Gäst över den vullen Buuk nah Luft, spölen mit Wien nah un leen sik kommodig in' Stohl torüch. Fru Witt weer tofreden. Se gung rut in de Köök: "So, nu sett sik man un eet düchtig. Aver rüümt vörher gau af."
"Na, Berta un Tine, denn man ran an't Fett", lach de Kookfru un nehm Naversche Voss um de Schuller.
Se lepeln al de Supp ut, as Berta miteens de Ogen opreet un op den Fleeschteller en Steertstück wies worr. Se snapp sik den Teller, störm in de Stuuv rin, wo jüst de Dööpling vun Arms to Arms um' Disch rumböört worr, un reep luuthals: "Fru, wi hebbt je den Pastor sien Höhneroors vergeten!"

De Winnelboom

In jedeen Dörp givt dat en Placken, wo de jungen Lüüd sik dreept nah Fieravend. Fröher, man dat is al lang her, weer dat de Dörpslinn, meern in't Dörp, en Soot dorbi un en Bank rundum. Hüüt giv't dat nich mehr, hüüt is dat Kriegerdenkmal an de Steed treden. Gah man mal hin avends twüschen söben un acht, Du höörst se al vun wieden snacken un lachen, wenn se dor staht, den Rüch an't Stack löhnt, de Ellbogens dor op, en Been hochtrocken as'n Adebaar. Man wenn de Deerns kaamt, wannert ümmer en Deel af. "Deerns", seggt se minnachtig över de Schuller, steekt de Hannen in de Taschen, speet ut un slarpt weg.

Bald weern se buten' Dörp, mang de Fennen, wo de Ossen grasen un wo nah dissen hitten Dag de Eer anfung to dampen. Dat Veeh stunn bet an' Hals as in en wittsieden Sleier, as in en See ut Melk: de Voss bruu. In de grote See achtern Diek gung de Sünn to Ruh, in Osten kroop langsam de vulle Maan över de Kimm, root un rund as en Lanteern. Fleddermüüs huschen dörch de Luft, ohn' dat en se höör, dicht an süm Köpp vörvi.

De Jungs kehren um, torüch in't Dörp. Se helen dat nich mehr ut hier buten, dat weer to still för so'n junge Bloot.

Man dat Dörp weer ok to Ruh kamen. To fröh fung de Dag wedder an, dor gung man geern mit

de Höhner to Bett. Aver de Jungs bruken noch wat, um weller in't Lot to kamen, en Utgliek för de Still dor buten, in't Feld. Se mussen ganz eenfach noch wat utfreten, blots wat!
"Minsch", sä Korl to de annern, "kiekt mol, dor liggt en Winnelboom bi Voss op'n Hof."
"Ja, wat en Wunner, nu in de Heuaarn", heel Fiede em to'n Narrn. "Laat mi doch mol utsnacken, Du Dööskopp", sä Korl liesen un trock de annern dicht an sik ran: "Wulln wi de Dreierschen nich al lang mal en schöne Schabernack speeln?" fluuster he. "Wat meent jüm, schull uns dat nich lücken, Voss sien Winnelboom in süm Schosteen dahltolaten. De hebbt doch en Rökerkaat, de apen Füersteed graad ünnern Schosteen." "Minsch, wenn wi dat ferdig kriegt, kann Dreiersche morgen fröh keen Kaffee koken." "Man wi kriegt wi em hoch?" "Rop op't Dack is nich slimm, man wat denn kummt!" "Kann nich en vun jüm en Tüüglien haaln?" "Ja, ik!" So snacken se dörchenanner.
De Jungs schaffen dat! De Tüüglien worr an den Winnelboom fastmaakt, mit'n Sling, dat se ehr wedder afnehmen kunn. Un denn gung't los. Eerst gung't je licht, bet hen to'n Schosteen weer't en Kinnerspill. Man denn! - Twee stunn baben op't Dack bi'n Schosteen, de annern to beid Sieden vun de Kaat. Op de ene Sied böörn se den Winnelboom an, so hoch se jichens kunn, op de anner Sied fung se langsam an to trecken.

De op't Dack passen op, dat de Boom ok in den Schosteen rinkeem. O, wat weer dat en suer Stück Arbeid! As he denn man eerst pielliek in de Luft stunn, rutsch he vun sülm in' Schosteen rin, de Jungs mussen noch afbremsen, damit he liesen opsett ünn' op'n Heerd.

Heel vergnöögt gung se nah Huus: nun kunn se goot slapen!

As de ool Dreiersche den annern Morgen Füer böten wull, seeg se de Bescherung. Se keek vun'n Heerd nah'n Rookfang rin un wedder torüch. Grievlach in sik rin un haal ehrn Mann ut de Puuch. "Vader, kumm gau, in unsen Schosteen sitt en Winnelboom, de mutt'r rut, eher giv't vundaag keen Kaffee." De Ool keek jüst, as se doon harr, vun 'n Heerd nah'n Rookfang un torüch. Denn leep he un haal Saag un Törfkorv. "Faat mit an, Moder." Un denn sagen de beiden Stück bi Stück un Korv bi Korv den Winnelboom ut'n Schosteen rut.

"O, wat hebbt wi nu en fein' Hupen Holt in Stall", högen sik de twee. All weern tofreden: de Jungs, wiel se meen', se harrn de Dreierschen argert, de Dreierschen to den Segen, de vun baben keem. Man blots Buer Voss nich, de sien Winnelboom nich finnen kunn un en nieden kopen muß.

De eersten tein Mark

Hotte un Ocke seten op de Kleevkant, ünner sik de wiede Masch. Op'n Kanaal fahrn de groten Scheep, as gleden se dörch de Wischen, wo de rotbunten Köh graast. För de beiden Frünnen weer't so'n alldaagsch Bild, dat se dor garnich richtig hinkeken. Hotte harr ok ganz wat anners in' Sinn. "Du, Ocke, kummst' Morgen mit nah'n Jahrmarkt! Toche un Tenno gaht ok." "Och, - weet ni -, ik heff garkeen Lust." Ocke much un kunn doch ni seggen, dat he ni nich en Penn op de Naht harr. He kreeg keen beten Taschengeld, ni mal sien grote Süster Ide, de al ut' School weer un hard arbeiden muß!

Hotte boor wieder: "Keen Lust! - Jung, sowat givt doch garni! - Ik heff al acht Mark un föftig op'n Dutten, un Du?" - "Weet ni, heff mien Knipp ni bi mi." "Komm doch mit, Du, man loos!" "Ja, denn man to." "Fein", frei Hotte sik, "Klock twee bi Toche. Wi fahrt alltohoop op't Rad, denn spaart wi dat Busgeld." "Djüs denn", Ocke gung deepdenkern nah Huus. Sloog mit'n Foot nah Sand un Steen, dat Stoff un Schiet sprütten. Keek vör sik dahl, vergrellt un wrantig: "Wo kaam ik blots to Geld?" Dörch Arbeid wat verdenen, verboo' Vadders Stolt. Verdreetlich hau he en Blickdoos as'n Football in de Büsch.

Moder un Ide weern to melken fahrt. Vadder arbei' noch op't Feld. He, Ocke, slanter un-

lustig in't Huus rumbi.
Klock twee annern Dag weer he bi Toche, un de veer Jungs fahrn vergnöögt nah' Markt. "Na, Ocke, woveel Geld heßt denn nu?" froog Hotte. "Acht Mark, mehr kunn ik ni op'n Dutten kriegen." "Na, ja", meen de annern, "dat geiht je. Wi hebbt'n beten mehr, man wat deiht't."
De veer harr'n barg Spaaß. Fahrn mit de Geister- un de Achterbahn, maken Schippschaukel un Scheetboden unseker un haun den Lucas op den Bukas. Ärgern de Deerns, verteern vör't letzte Geld en Wost un jachtern un lachen nah Huus.
In de Köök stunn Naversche Steenbuck, Eier in' Korf un en Teinmarkschien in de Hand. "Dat weet'k ni, ik meen doch wiß, dor weer -", Moder stunn vör't open Kökenschapp, schüttkopp verbiestert, gnuddel wat vun fief, twee, - allerlei Lüttgeld. "Wo is't bleven?" - "Ik kann ni wesseln, Naversche, steek Dien Geld man weg un betahl en annermal."
Ocke verdrück sik nah'n Stall, mit rode Ohrn un en slecht Geweten. Moder keek bi't Avendbroot fraagwies reegum, wat en bi ehr Geld weer? Ocke wuß sien Ogen ni to laten. "Ocke, Du heßt dat doch ni nahmen? Wo weerst Du den helen Nahmeddag?" "Ik, ne", loog he angsthaftig, "ik weer mit Hotte un de annern to Markt." "Ohn Geld?" drauh Vadder. Ocke beer den Unschülligen: "Dat hett ok veel Spaaß maakt, allns blots antokieken. Un eenmal hett Hotte mi

friehollen op de Achterbahn." "Du lüügst,
Jung", kreeg Vadder em bi Krips un Kragen un
schüddel em, as kunn he Wahrheit un Geld ut
em rutbüdeln. Ocke huul, Vadder brüll "Deef"
un "Düvelsbraden" un wat dor vun warrn schull.
Dor gung de Döör open. "Ne ok doch, wat'n
Larm." Tante Helmi keem rin. "Keenen hett
mi höört. Wat's loos?" "De Bengel hett sien
Moder dat Eiergeld ut de Knipp stahln un op't
Jahrmarkt versuust", brüll Vadder sien Swester
an. "Nu, nu, man sinnig mit de jungen Peer,
orr wullt Du, dat de Navers luukohrt un dat
künnig maakt?" Un to Ocke: "Heßt Du dat würk-
lich daan?" De nickköpp. Sien Moder un Ide
stunn de ganze Tiet in en Eck, se kennen süm
Vadder, se harrn Angst. Man Tante Helmi harr
keen Bang. "Sühst Du, dat kommt darvun, wenn
Du Dien Kinner keen Taschengeld givst! Wo-
dennig schüllt se lehren, mit Geld umtogahn?"
Un se schüddel den Kopp. "Dat's doch wull mien
Saak", brüll ehr Broder. "Wi hebbt dat to Huus
ni anners lehrt, un so ertreck ik mien Kinner
ok. Wo richtig dat is, sühst Du an mi", un he
smeet sik in de Bost. "Heßt Du dat denn so
hellisch wiet bröcht?" luer Tante Helmi un-
glöövsch. "Wat denkst Du!" prahl he, "wenn
ik wull, kunn ik mien Huus afrieten un forts en
nied hinstellen laten!" "Na, un Du meenst,
blots, wiel wi keen Taschengeld kregen?" "Un
ümmer ehrlich weern un bleven sünd!" "So?",
fraag se veniensch, "dörf ik Di an en Jung to

53

denken hölpen, de sien Vadder en Geldschien
klau un acht Daag Stuvenarrest kreeg?" Se harr
em in de Kniep, nu worr he so root as Ocke
vörher.
"Ik kann Di ni ännern, Du mußt weten, wat Du
vör richtig höllst. Man dörfst Du Di ni wun-
nern, wenn't scheef geiht. Ik, wenn ik Du weer,
ik wörr mien Kinner Taschengeld geven." Se
nehm en Teinmarkschien ut de Knipp: "Hier,
Ocke, dat eerste Geld kriggst Du vun mi. Be-
tahl Dien Schuld bi Moder un behool den Rest.
Wenn Vadder klook is, leggt he dor wat bi."
Se plinköög ehr Sippschop reegum to: "Na, denn
Tjüüs un nix vör Ungoot."
Weg weer se, hett ni mal seggt, wat se egent-
lich wull. Ob Ocke un Ide vun do an Taschen-
geld kregen, ik weet dat nich, man ik wünsch
süm dat!

Dat Lehrgeld

Malins weer Unkel Richard bi'n Fröhschoppen bihangen bleven un keem besapen nah Huus. Sowat kommt vör un is keen Beenbruch. Man he muß, even binnen, gau wedder rut op sien wackeligen Been. Keem ni mehr hin, wo he hinwull, un geev allns, wat he bi sik harr, wedder vun sik. Gott sie Dank, em weer lichter um't Hart! As he nu aver sien Mund reinspölen wull, mark he, dat he keen Tään mehr harr. He stell sik breetbeent över dat, wat he opgeven harr un keek dor mit glasige Ogen rin. Man sien Kopp schoot so dull hin un her, dat he nix minnerscheern kunn. Sien Fru reep: "Richard, komm, Meddageten, dat warrt al koold!" He sett sik an' Disch, eet aver nix. Keek blots ümmer in en Eck. "Smeckt Di dat ni?" fraag Tille, "eet doch!" "Ja, ja, laat mi man." He lee sik op't Sofa, dreih sik to' Wand un snurk. Tille kunn wegmaken, wat he utbroken harr. Klaar, dat se vergrätzt weer. As Richard hochkeem, nu al wat klarer in' Kopp, gung he dörch't Huus, dörch'n Gaarn, överall hin un söch. "Wat söchst Du denn?" fraag Tille. "Nix, nix", wehr he af.
Bi de nächste Mahltiet seet he wedder dor, ohn to eten, drunk wull mal 'n Sluck un keek in de Ecken. Sien Fru smuustergrien: "Jung, Richard, eet doch wat!" Man as he opkeek, weer ehr Gesicht ganz eernsthaftig.

Denn annern Morgen gung he fröh weg. Nah
sien Stammlokaal. Fraag den Kröger: "Segg
mal, Hans, heff ik hier güstern mien Tään ver-
loorn?" "Ne, Richard, dat ik ni wüß. Kannst
je man allerwärts mal nahsehn, wo Du ween
büst." He dä't, överall. Wull al en Döör open-
maken, un dach denn: "Ne, deit ni nödig, denn
heff ik se je wegspöölt." Druckst an den Weert
vörbi nah'n buten. De reep em to: "Nix funnen,
Richard?" "Ne", dat höör sik giftig an. Un
güstern weern se so vergnöögt ween! Wat harr
Rudel Wiebers man noch ümmer sungen, bet
se all mit instimmt harrn?

"Hupp-didldupp, dat Geld is up,
harr'k wat mehr, denn schullt to Beer."

Nu muß he sien Geld nah'n Täändokter dregen,
denn Tään muß he je wedder hem.

Bi't Meddageten fraag sien Fru wedder recht so
veniensch: "Wullt Du ni eten, Richard? Lang
doch to! Kiek mal, Aantenbraden, denn magst
Du doch so geern!" Se heel em den Bradentel-
ler dicht vör't Gesicht: "Hm, rüük mal!" Em
leep dat Water in'n Mund tosamen. Un sien
Maag knurr! De dä richtig weh vör Hunger.
Un utrekent Aantenbraden geev't vundaag! Bi
dat keek he ümmer, den Kopp böögt, vun en
Eck in de annere. Dat man blot Tille ni seeg,
wo lerrig sien Mund weer!

Tille droog den Braden wedder rut. Dat heet,
se harr en groot, saftig Stück eten, mit Root-
kohl un Appelmuus. He keek wedder dörch de

Röhr! Lang heel he dat ni mehr ut. Dat beten Melk, dat he in de Köök slapper, kunn en utwussen Man ni op de Been hollen.

Em weer so leiterig to Moot, dat he den Nahmeddag versleep. "Avendbroot", reep Tille em ut'n Slaap. He kunn sik kuum noch op de Been hollen. Lecker harr sien Fru den Disch deckt, he much garni henkieken. Tille grieflach nah em röver: "Na, Richard, ik will man garni so ween. Kiek mal, wat ik hier heff! - Jung, so kiek doch mal!"

Se lang in ehr Schörtentasch un lä sien Tään op'n Teller, dat ganze Bitt, för baben un nerrn - un heel. Richard greep mit beide Hannen to: "Wo heßt' de her?" "De", lach Tille, "harrst Du mit utspeen. Ik heff se funnen, as ik Dien Swienkraam wegmaken muß. Do heff ik dacht: "De schall Lehrgeld betahln!"

De kann wull lachen!

Adam un Eva Hein leven in en lütt Maschdörp glücklich un tofreden in süm lütt Kaat. Adam (he heeß würklich so, un dorum sä dat ganze Dörp blots Adam un Eva to süm) weer sien Leevdag nix anners ween as Daglöhner bi'n Buern. Kinner harr de Adebar de beiden nich bröcht. "Na", sä Adam, "kaamt Di keen to lachen, kaamt Di ok keen to wenen." Un dormit harr he nich ganz unrecht. Solang he arbeiden kunn, harr de beiden dat ganz goot gohn. Man nu weern se oold un stukelig. Dor weer't doch ganz schöön ween, wenn se tominnst en Kind hatt harrn. Dat weer nu over je nich mehr to ännern.
Man wat süm Naver Flick weer, de sä to de beiden Olen: "Geevt mi dat Huus doch op 'Leibrente'. Dorför sorgt mien Fru un ik denn för jüm beiden bet Levensenn." Un so worr dat maakt.
Obschoonst de Flicks mehr as noog to doon harrn in süm Hökeree, sorgen se doch allerbest för de beiden Olen. Dat mutt en se laten! Se weern keen vun dat Slag, de seten un luern, de Olen muchen gau avkratzen, dat se an't Arven keem'. Ne, dat gung noch mennig Jahr in Fründschop un Eenigkeit.
De Olen bruken sik um nix mehr kümmern. Ümmer weer süm Huus rein un warm, un Eten un Drinken stunn to rechter Tied rieklich op'n

Disch. "Harrs't dacht, wat wi dat nochmal so
goot kregen?" meen Adam. "Ne, miendaag nich,
wi leevt je as Rentjes!" anter Eva.
Bi goot Weder seten se buten op de Bank in
Sünnschien, rennlich un örnlich. Weer't koold,
keken se blied mang de witten Gardiens över de
Appel-Gronaas weg ut' Finster.
Denn storv Adam en Dag, so eenfach batz, as
wenn en Boom to Eer stört. Eva leep rum un
sä Naver Flick Bescheed. "Och, Naver", snuk-
kel se, "mien Adam is nich mehr!" "Wat? O,
Naversche, dat deiht mi aver leed! Ik kaam
forts mit rum." Ok sien Fru gung mit.
Un as Naver Flick to Stadt fahr, den Discher un
den Pastor Bescheed to geven, nehm se Na'sche
mit röver.
"Wat schall dat denn för'n Sarg ween?" fraag
de Discher. "Dat Beste, wat se hem", sä Flick,
"he schall anstännig ünner de Eer." "Dor heff
ik ganz wat feins, dat is vundaag de eerste
Mood", sä de Discher un wies em en ut' Muster-
book, "swatt mit Sülverbeslääg." "Ja, de is
richtig", frei Flick sik, "den nehm ik."
De Discher kreeg dat hild, he muß hin un Maat
nehmen un dornah den Sarg maken. Dat duer
sien Tied.
As de Sarg keem, nehm Fru Flick Eva wedder
mit: "Kumm, Na'sche, wi gaht naher rum,
wenn Adam smuck opbahrt is."
Adam kreeg en heel smuck wittsieden Spitzen-
hemd an, worr op en sieden Küssen leggt un

mit en sieden Steppdeck, ok mit Spitzen, todeckt. Op de Deck lee de Discher noch'n paar Blomen in Adams folte Hannen, de he ünnerwegs vun'n Gaarner mitnahmen harr. Heel fierlich seeg dat ut. Naver Flick gung, de beiden Fruuns to holen.

Eva bleev de Luft weg, as se ehrn Adam dor so smuck liggen seeg. Bet herto harrn se allns tosamen hatt. Nun, so dücht ehr, harr he ehr wat vörut. Se haal deep Luft un reep: "Minsch, Adam, Du kannst wull lachen! So'n smucken Sarg!"

De beiden Flicks smuustergrien' un beruhigen ehr: "Keen Sorg, Na'sche, Du kriggst mal jüst so en!"

Dor weer de ole Fru tofreden.

All worrn se satt

Fröher weern de Lüüd nich so för de Rennlichkeit as vundaag. Dor harrn se garkeen Tied to. Morgens fröh gung't rut ut' Bett un forts rin nah'n Stall orr rut to Feld to'n melken. Denn keem de Minsch eerst to sien Recht: Kattenwäsch, Kamm dörch de Hoor un ran an' Fröhstücksdisch. Avends weer en so mööd, dat'n schiedig in de Puuch kroop. To'n gründlich waschen weer de Sünndagmorgen dor. Un denn gung all Mann rein wuschen un kämmt to Kark. Dat is lang her, man wahr is dat. Ok wat ik nun vertell, is lögenhaftig antohöörn, is aver wiß un wahr passeert.

Bi Otjen un Tine geev dat as op jeden Hoff Avend för Avend Braatkantüffeln un achterher Grütt un Melk. Dat weer sett Recht.

Otjen harr en groten, kräftigen Baart. Dor bleev, wo kann't anners ween, mennig Krömel vun de Grütt in sitten, fein mit Melk anröhrt. Dat stöör Otjen wieder nich, un sien Fru as schien ok nich. Dat weern even annere Tieden! Un Otjen un sien Tine weern op sien Baart jüst so stolt as de jungen Lüüd vun Daag ok sünd! Man hüüt sünd se denn wull nich so schietig, nich?

En Morgen sä Otjen to Tine: "Vundaag goh ik nah'n Putzbüdel un laat mi den Baart avnehm." "O, Otjen, lamenteer Tine, "dat's doch wull nich wahr, Du wullt Di doch ni den schönen

Baart avnehm laten! Büst je garkeen Mann ohn
em! Ne, ne, dor besinn Di man eerstmal
över!" "Ja, Tine, Du heßt sachts recht, man
dat hett sien Grund." "Grund, Grund, wat schull
dat wull över Nacht vör'n Grund hem?!"
"Ja, Deern, höör mal to: ik waak vunnacht op,
un, wat meenst Du? Dor kettelt mi doch wat
in'n Baart! Ik will mi kratzen, man dor mark
ik, mit Kratzen is dat nich daan. Ik griep to,
un - wat meenst Du, wat ik foot kreeg un in
mien Hand heel? - Na? - Na? - Na? - " "Ja,
Du warrst Di wunnern. - Ne, dat kannst Du
nich raden! - Wat harr ik in mien Hand? - Wer
freet de letzte Grütt ut mien Baart? - Na, raadt
maal? - En utwussen Muus!"

Heimweh nah de Hallig

Johann stunn an Boord vun dat Motorboot, dat em nah de Hallig Langeneß bringen schull. As he in Dagebüll op den Kutter luert harr, seeg he to'n ersten Mal in sien Leven de Insel Föhr un en paar Halligen in't Water liggen. He weer en Schippersöhn vun de günt Sied, ut Kappeln. De Mann an't Ruder harr sik sien Gedanken maakt över den jungen Fahrgast: "Sünd Se de niede Schoolmeister för Langeneß?" "Ja, de bün ik." Swiegen bet kort för de Hallig. "Wo is denn de School? Kann man ehr al sehn?" "Ja, dor op de lange Warf, de Karkwarf", he wies in de Richt, "sehn Se, dat lütje Huus dor, dat is de School."

Johann nehm sien Taschen un Kuffer op. He sett sien Foot an Land. Op dat weke, fiene Halliggras, un streev nah de Karkwarf to. He harr hierher wullt, man nu lee' sik dat doch as en iesern Ring um sien Hart: "Ob ik dat hier wull uthollen warr?" Rechter Hand leeg düütlich Wiek op Föhr. "Na, 't warrt sik wull torecht lopen, ganz ut de Welt bün ik je nich."

Annern Morgen stunn he för de lütten Flassköpp in sien Klass, de em ut blaue Ogen neeschierig ankeken. He harr se bald an de Hand, mit Kinner kunn he umgahn. Wosük em dat wull mit de Groten gahn worr? De Sorg weer överflödig: Halliglüüd hollt tosamen, de Lehrer is vun eersten Dag an en vun süm. De See um süm

lütt Eiland harr se lehrt, en vör den annern intostohn.
Man nu, nah de School, leeg de holle Ebb um Langeneß. Johann truu sien Ogen nich, sowat harr he noch nich sehn! Wo weer dat Water bleven? Dat is doch so ganz anners, as wenn en dor vun höört orr leest.
Dor leeg dat graue Watt in Sünnschien, schemmer as Gold un blänker as Perlmutt. Un weer keen glatten Grund, as he dacht harr. As wenn en lichte Bries dat Water krüselt, so leet de Borrn. Wellen, mal eben inritzt, mal deper, veel verscheden Muster, hier grötere, dor lütjere Flachen. Wiederlang en Priel, he twieg vuneen, as en Boom, ne, as en Fluß! Ok en richtigen, eher he en groten Strom is, warrt ut vele Beken spiest. Dor lücht en Muschelbank röver, un dor, an en Waterlock, steiht en Minsch. En jung Mäken! De Röck opschört, in de Hannen en langen Stoken, den se wagrecht över't Water höllt. Nu böört se em hoch: en Senknett heevt sik ut Water. Dat blänkert as Glas. De Deern fangt Kraut (Krabben). Johann treckt Schoh un Strümp ut, krempelt de Büx hoch un geiht röver: "Kann ik wat hölpen? Ik bün Johann Litschen, de niede Lehrer." "Ja, geern. Hollen Se man de Senk in't Water. Ik bün Anni Jakobsen", se wiest nah de ene Warf rop: "Dor bün ik to Huus."
Ehr Ammer weer al halv vull: "Nu bören Se de Senk man mal hoch. Ik glööv, dat langt." Tosa-

men gungen se an Land un de Huuswarf hoch.
"Memm", reep Anni to Döör rin. En öllere Fru in de freesche Dracht keem rut, achter ehr en junge, hochwussen, ok mit den freeschen Koppputz as en Kroon op den smucken Kopp. "Memm, Liesbeth, dit is de niede Lehrer." Johann nenn sienen Namen, kreeg to weten, dat Liesbeths Mann sien Schipper weer güstern, un gung.
"Wenn all de Fruuns hier so smuck sünd as düsse dree", dach he, "dat weer wat!" De eerste Dag harr sik goot anlaten.
In de nächste Tied seeg en den Lehrer oftins de Hallig umwannern, den Knippskasten op de Schuller. Bald kenn he vun Hilligenlei bet röver to Maienwarf, vun de Kark- bet nah Bendixwarf un bet hin to den Damm, de röver gung nah Oland un vun dor nah't Fastland, krüüz un qwer un rundum de Hallig un ehr Lüüd. Harr ok al feine Biller in Kasten. Ok Anni Jakobsen, mit opschörte Röck, de Senk an'n Staken över de Schuller, in de anner Hand den Ammer, as se barfoot över de blanken Watten kummt. Dat weer sien best Bild. He harr sik ok goot umsehn ünner de Döchter vun Langeneß, man dücht em, de ersten weern ok de smücksten. Wat bi de verheiradte Süster königlich, weer bi Anni leevlich. Ok Memm weer ümmer noch en smukke Fru! - He weer doch nich verleevt? Och wat! He leet dat bi't Gröten un en fründlich Woort bewennen as bi all de annern.
Stille, ruhige Daag giv't nich veel dor buten in

de See. Johann lehr bald anner Weder kennen. Mächtig bruus de Westwind över de Halligen nah't Festland röver. De See schüüm gegen de lütten Inseln an, reet an de Avbruchkanten, spööl en Stück bilang över't Gras, full torüch, störm nied an. De Halliglüüd harrn dat hild, dat Heu to bargen. Allns, wat lopen kunn, muß hölpen. De stiefe Wind foot in de Fruuns süm Röck as in vulle Segeln, jüst so, as Emil Nolde dat maalt hett. Fast stämmen de Minschen sik gegen den Wind, de Schaap kropen tosamen un de Köh wiesen em den Achtersteven. Dree Daag, denn lee' he sik. Dat Heu weer borgen un ünner Dack. Nu worr noch tosamenharkt, wat de Wind wegweiht harr. Un denn keem de Regen. Johann much em nich. De Halliglüüd högen sik: nu geev dat Water för Minsch un Veeh.

As Johann nah de Sommerferien op sien Hallig torüchkeem, weer se al ganz heimatlich. Liekers bleev he dorbi: twee Jahr un nich länger wull he blieven. Am dullsten frei em dat Weddersehn mit Anni, doch noch ümmer dä he, as weer se em gliekgüllig. He spiekeleer aver op all ehr Doon, denn en Johann Litschen wull nich blots en smucke, he wull ok en düchtige Fru hem. "De Hauptsaak, sauber mutt se ween", dach he un bekeek sien pleegten Fingernägeln. Anni muß keen Fru ween, wenn se nich al lang Müüs markt harr. As he nah'n halv Jahr seeker weer, de un keen annere, un nu en beten neger nah ehr rann wull, maak se sik rar un leet em

an de Angel spaddeln.
Man nah't eerste "Landünner" in Harvst, as keneen vun sien Warft rünner, ja nich mal ut sien Huus rut kunn, as se all in Ängsten op'n Böhn seten, um sik rum nix as de opwöhlte See; as se nix anners höörn as den Storm, de um't Dack huul un jank, do worrn de beiden anner Sinns. Sowie dat Water aflopen weer, leep en to'n anner, un op halven Weg fullen se sik in de Arms.
Johann bleev dorbi, twee Jahr un nich länger op Langeneß. Man Anni leeg em in de Ohren: "Johann, ik kann narms anners leven as hier! Wenn ik keen Water sehn kann, gah ik in!" "Anni, wi warrt wedder an't Water kamen, verlaat Di dorop." Johann kreeg dat torecht. Un as de twee, Anni in de freesche Staatsdracht, över un över mit Sülver un Filigran behungen, in de Halligkark tosamengeven weern, keem Anni op faste Land, wat se, afsehn vun't Inkopen in Husum, noch nich sehn harr. Wo groot dat weer! Ehr weer bang to moot! Man as se in Maasholm, in ehr Wohnung baben de School, över de Fischerhüüs weg de Ostsee seeg, worr se ganz ruhig un tofreden. Se leevten utermaten glücklich tosamen, ok weern de Maasholmer Fischerfamiljen de richtige Umgang för de Halligdeern.
Dennoch keem dat Lengen över ehr. Se muß ehr weddersehn, ehr Hallig, se muß wedder hin! Se luer op de Ferien, denn glieks an ersten Dag

wull Johann ehr nah Dagebüll fahren. He sülvst wull nah gode Frünnen.

Endlich weer't sowiet. Anni weer ganz heeßpesig vör Freid, um so ruhiger weer Johann. Man as se in Dagebüll ankemen, keken se achter dat utlopen Boot her. Wo dull se ok achter ehrn Swager herschregen, he höör se nich, sunst harr he doch wedder bidreiht.

Nun weer't ganz vörbi mit Anni, dat Heimweh gung mit ehr dörch. Se ween so dull, dat Johann opmüntern sä: "Wenn Du so biblivst, lepp de Nordsee över! Kumm, wi gaht nah'n Kröger rin, vertehrt en beten, stellt den Wagen bi em ünner un gaht tosamen övern Damm nah Huus."

Bet nah Oland gung't goot, obschoonst de Damm, ut grote Steens opschütt, mit'n Schienenstrang utrüst för Loren, nich för Footgänger buut is. Achter Oland worr't slechter. Bald sehn se rundrum nix anners mehr as Water, keen Land! Ok steeg de Floot hüüt höger as normal, se spööl al över'n Damm weg. Umkehrn harr keen Zweck, se harrn dat längste Enn ja al achter sik. Solang se den Damm sehn kunn, harr't ok keen Noot. Schoh un Strümp bummeln al lang an süm Arms un wieder as bet an de Knövels gung dat Water noch nich.

Anni seeg as erste in de Feern en fienen Streek: "Johann, Langeneß in Sicht!" De Konturen worrn rasch gröter. As se al düütlich ehr Vaderhuus sehn kunn, rutsch Anni vun de natten, glatten Steen af in't Water rin: "Johann, ik kann nich swimmen", kunn se noch schrien, denn gung se ünner. Johann weer al nahsprungen, kreeg ehr bi'n Wickel un heel ehr över Water: "Anni, versöök op den Damm rop to kamen!" Man dat weer unmöglich, an de runden, glatten Steen fasten Foot to kriegen. Anni worr ümmer banger un zappeliger un broch se beid in höchste Gefahr.

Dor geev Johann sien leve Fru en Kinnhaken un versöch, mit ehr an Land to swimmen. Af un to, wenn sien Kraft em verlaten wull, föhl he ünner sik, man he kreeg nix ünner de Fööt. He kunn sien Arms je nich bruken, he muß doch sien Anni hochhollen! Se streng he sien Been an, noch en un noch en Tog to maken.

Wedder versöch he, un, o Glück, he harr Grund ünner de Fööt! Mit nieden Moot schaff he dat letzte Stück. Op't dröge Gras faat he sien Anni bi de Been un heel ehrn Kopp nah ünnen, bet se dat Water vun sik geev. He lee' ehr dahl, liekers dat koold weer, un sik dorto. He kunn nich mehr!

Eher em de Ogen tofullen, seeg he noch, dat ut dat Huus op de nächste Warft Lüüd rutkemen.

Uhlenspegel mit Pralinen

Uli weer ünnerwegens. Dat heet, egentli weer he dat ümmer. Wull en em mal besöken, keem he wiß vör toslaten Döörn. Weer je to verstahn, nu, wo sien Fru ni mehr weer un de Kinner süm egen Huusstand harrn. Man dat weer ok do, as se noch tosamen leven, ni anners ween. Uli söch all Lüüd op, de he jichens kenn. Dat weern ni wenig! Wenn'n em garni vermoodt weer, full he mit sien Lüüd in as de Duven in't Arfenbett. Bröch de Huusfru in Oprohr as'n Hehn, de'n Hööfd över sik süht. Dat weer doch even vör Meddag! Se harr graad den Disch decken wullt. Wonemb schull se blots so gau wat hernehmen, de veer mit satt to kriegen! Seggen: deit mi leed, ik heff nix in't Huus, dor keem se bi Uli ni wiet mit. "Heßt doch wat vun't Slachten in't Iesschapp. Un sunst snie man den Schinken an. Mien Fruunslüüd schellt'n paar Kantüffeln. So, staht ni rum, hollt sik ni in de Vörreed op, Hacken optrecken, ik heff Hunger!" So weer Uli.

Seten se denn bi Disch, huchel he in sik rin, de Sleef: "Letzt weern wi bi Lore un Hannis, kennt jüm je. Wat is de Fru giezig! - Dat geev Arfensupp. Weer wull gau en Maat Water angaaten worrn. Kantüffelmehl ran, lummerig weer se wedder. Nix gegen to seggen! Man dat Fleesch reck nu ni mehr! Hannis geev Lore en Geldstück röver: "Hool man noch en Pund Wust vun'

Slachter, in de Supp to snieden." Dar harrn jüm Lore sehn schullt! Giftig as'n Katt in' Tüller! "Ne, do ik ni! Hier warrt eten, wat op'n Disch steiht!" - Keneen sä wat dorto, seten all benaut rumbi. Uli dach tofreden: "Dat sitt! Hier warrt se uns in Tokunft goot bedenen. Hebbt doch all Manschetten för mien Schandmuul!" So speel he en gegen den annern ut. Vör Nahsnack weer he ni bang! He lach sik in de Fuust, dat he se all in't Kaschott harr. - Bet op Lore, de allns annere as giezig weer: se alleen harr den Moot, sik vun em ni utnütten to laten. Wo he to dat so utverschaamt weer, ni en Stengel Bloom orr sunst en Klenigkeit mittobringen.
Bi Theo un Jule weer he ganz drook. Ochottne! Theo weer so'n gootmödig Schaap, dat sogar Uli mennigmol dach: "De ool Stackel is meist to schaad för mien Spiejöök!" Man de Katt lett dat Musen ni. Dat weer nu mal sien Stekenpeerd, anner Lüüd to schadden. Jule harr em höllisch op'n Kieker, much man nix seggen, wiel ehr goden Mann dat ok ni dä. "Süh", weer sien Snack, "dat verstaht Fruunslüüd ni, dat is Kameraadschop!" Uli un he weern tosamen in' Krieg weßt. Liekers sä se: "Uli, Du bringst mi in de Kniep! Fief Minuten vör twölf to kamen!" "Och, mien Deern, heßt doch wull noch twee Kantüffeln för mi över? Un denn slag man 'n Stücker wat Eier in de Pann. Ik bün licht tofreden." Un se dä, wat he sä.
"So, Theo, wenn ik satt bün: Du weeßt je!"

Theo beiel sik mit de Sigarrnkist. Uli harr em
biböögt: "Stell Di man en Kist 'Hannelsgold' hen
för mi. Annere smöök ik ni." He nehm en rut,
beet de Spitz af, spee ehr op'n Teppich. Theo
heel em en brennen Rietsteken ünner de Nees,
Uli lee sik kommodig torüch un paff. "Is doch
schöön, dat Leven", dach he.
As Jule ut de Köök kem, se seet noch garnich,
schuuch Uli ehr: "Nu hool man 'n poor schöne
Koken vun' Bäcker!" "Och, Uli, ne, ik bün so
mööd. Koken giv't ni." "Deern," grifflach he,
"mien Wagen steiht vör' Döör. Komm, ik fahr
Di, bün doch Kavalier!" Print ehr in: "För mi
en Stück Nööttoort un en Windbütel mit Slacka-
maschüü." "Sülvst en Windbütel!", dach Jule.
Sien Knipp seet fast in de Tasch.
"Nu nehm ok man foorts wat vun Slachter mit
to Avendbroot", och, wat keek he ehr truschül-
lig an, de slaue Voss. Jule süüfz, Uli grien.
Un maak den Hals lang achter't Stüer, to sehn,
wat Jule Godes nehm. Ja, se kenn sien Smack:
Mogern Schinken, Mettwust vun de beste, Kass-
ler in Schieven. Goot, goot! "Heßt ok Kääs in't
Huus? Du weeßt, Kääs slutt de Moog!" "Ja, ja,
heff ik", klung orrig gnatzig.
"Kaffee un Koken in' Lief, nu lett he mi sachts
'n Stoot in Ruh", un Jule sett sik kommodig in
ehrn Armstohl torecht. Dor ree' Uli de Musche
Blix! Grientjerig meen he: "Stah mal op, Jule!
In Dien Stohl will ik sitten, mien Deern!"
"Dat is denn doch toveel!", dach Jule, un Theo

keek wat tapsig vun en to'n annern: "Wat schall
dat bedüden?" Uli lach, as klingeln hunnert
Klocken an sien Narrenkleed, kümmer sik ni
wieder um Jule un vertell. Wenn he sik ok mit
de Knakenarbeit vertöörnt harr, de Knaken in't
Muul harrn nix to lachen bi em, de mussen
ran! Theo un Jule hojahnen un dachen an de Ar-
beid, de nu liggenbleev. Keem to ni mehr, as
"Ja", orr "Aha!" Dat anner sä Uli.
Opletzt keek he op de Klock: "Wat, al so wiet?
Na, ik mutt seggen, jüm hebbt mi ganz schöön
fasthollen". "Fasthollen? Wi, Di?" "Ja, mi.
Wat denkt jüm, ik mutt opletzt doch mal wedder
nah Huus! Nu krieg man gau Avendbroot op'n
Disch." Uli pleeg sik an all de leckeren Saken.
Denn leep he rut. Theo un Jule keken sik an:
"Will he so afhaun, ohn Dank?" Man do keem
Uli wedder rin, en groten Kassen in de Hand.
"Ik heff Di wat mitbröcht, Jule. Pralinen! Laat
Di't goot smecken! Adjüs un danke!" Sien Lachen
gung ünner in't Hulen vun den Motor, as seht
de Düvel an't Stüer.
Jule worr heel annern Sinns: "Dat is je nett vun
em, ni Theo? Heff em je rein wat aftobeden!
So leeg as ik dach, is he doch ni!" Se maak den
groten, smucken Kassen apen. Keek heel ver-
fehrt un heel em Theo hen: "Kiek Di dat an! In
den ganzen Kassen en eenzige Praline!
De dare Uhlenspegel! Tööv man, wenn Du wed-
derkommst."

Wat gellt Vaders Woort?

In' lange Reeg weern de Spannwarken vun't Karkdörp herkarjoolt, de Bruutwagen vörrut. Nun seten se all nah ole Wies an grote Dischen op de mächtige Lohdeel; dat eben trute Paar, de Öllern, Geswister, de ganze wietlöftige Sipp- un Fründschop. Wannen un Deek weern ünner Loof un Blööm versteken, as sik dat höört bi'n gröne Hochtied. Hier weer en nich bi arme Lüüd to Gast: Schüddeln un Glöös, un wat dor anboden worr, weer vun't Allerbeste. De Grootdöör stunn wiet open. Buten leeg in sachte Puckeln de pingstliche Geest. De Bruutvader Jan Witt keek över de Dischen, de Minschen weg nah'n buten in de gröne, sünnige Wiet. En grote Höög seet in sien Ogen, as he sien Fru un sien tweten Söhn Peter blangen em de Hannen drück, nah de Bruutlüüd plinköög, un sä: "Wat frei ik mi, dat Jasper sik hier so goot in't warme Nest sett hett! He hett utsorgt, un Du, Peter, schaßt mal unsen Hof arven." Peter lach em dankbar to, obschoonst Vader dat ni to'n eersten Mal sä.

Siet Jasper um sien Tiene frien dä, harr he oftins dorvun snack, ok to Jasper un Tiene. Tiene, dat eenzige Kind op den groten Geesthoff, en orrig Wegstück opwarts vun süm mittelgroten Maschhoff. "Du kriggst dat goot, mien Jung! Unsen Maschhoff giv wull'n Barg her, is aver unbannig un swaar. Man wat Dien warrt,

Tiene ehr'n groten Hoff, dor is licht arbeiden
un is doch gode Eer." "Ja, Vader", anter Jas-
per, "man Tiene is mi mehr weert as all ehr
Vaders Goot un Geld! Dat is aver en gode Bi-
gaav!" Denn so kriggt Peter mal unsen Hoff."
"Ja, Vader."
In de Nacht fahrn se weller dahl in de Masch.
As Peter de Grootdöör open heel, dat Vader
rinfahrn kunn op de Loh, do aten he deep in:
to'n eersten Mal harr he dat Geföhl: "Dit all is
mien! Opschoonst hier dat Eerstborenrecht
gellt. Vader warrt to rechter Tiet en Testa-
ment maken."
Peter arbei' un racker sik af, dat harr man so'n
Aart. "Jung, Peter", Moder sä dat wat bang,
"Överdriev dat ni! Dat deit doch nich nödig. Du
warrst uns noch krank!" Peter lach: "Halv so
slimm, Moder, ik kann wat af! - Un - Moder,
- wat ik noch seggen wull - ", he reet de Mütz
vun Kopp un wisch den Sweet af, dreih den Dek-
kel mang de Fingern, "wat ik - ." "Noch seg-
gen wull, man to", hölp Moder nah. "Kiek mal,
Jasper un Tiene sünd nun al dree Jahr ver-
heiradt" ... "Ja, Jung, un ik bün al twee mal
Oma." "Un dor - dor heff ik dacht - ." "Denn
hoolst Du Dien Martha op'n Hoff, ni? Woneer
is denn Hochtied?" "Moder, Du weeßt?" Moder
nickköpp: "Vader ok. Wi hebbt doch Ogen in'
Kopp!" Se lach, Peter lach, un Vader, de graad
um de Eck keem, lach ok. Klopp Peter op de
Schuller un sä: "Dat warrt ok bilüttens Tiet,

Tiet, mien Jung. Ik wull den Hoffarben geern noch sehn!" "Vader, segg doch ni sowat! Du warrst noch oftins Opa, krall as Du büst!" "Schöön weer't", dach Jan Witt. He föhl, dor seet wat ünner em, man dücht em dat noch to fröh, nah'n Dokter to gahn.

Un denn weer Hochtied. Jüst so'n schöne, as domalins Jasper un Tiene süm.

Darnah harr de Alldag weller dat regeern. Dat Leven gung sienen Gang. Un as Martha ehrn Peter den Hoffarben in de Weeg lä, do segen se all, mit Vader, dat worr ni lang mehr duern, so leeg weer he. As de Aarn ünner Dack weer, stunn en Sarg op de Loh. En goden, oprechten Mann weer to fröh afropen worrn.

Bi Moder Witt, bi Peter un Martha gung nah'n Stoot dat Söken los nah'n Testament. Vader weer garni bi'n Anwalt ween, dat wussen se wiß. Man he muß doch wat opschreven hem! Moder, de op de günt Siet vun'n Hofplatz op't Olendeel wohn, harr dat Ünnerste nah Baben kehrt un weller torüch. Ok op'n Hoff worr allns dörchsöcht. Se worrn rein ramdösig vun't ewige Söken un Nahdenken. Peter fraag bi't Gericht an, man dor leeg nix vör.

De ganze Tiet harrn de Bröder wenig vunanner sehn, as dat mennigmol so geiht, wenn de Arbeit en fasthöllt. Peter weer en slaan Mann, denn ohn en Testament höör Jasper de Hoff. Un he harr sik all de Jahrn umsunst afrackert. Martha un Moder snacken em goot to: "Peter,

Jasper warrt Di doch Dien Arbeit betahln. Ok Dien Andeel mutt he utkehrn, un dor fangt wi denn vun vörn mit an!" "Un denn mutt Jasper för mi sorgen. Um mi bruukst Du Di keen Wehdaag maken", meen Moder.
"Eendoont", sä Peter wat later, "ik hollt ni mehr ut! Ik fahr to Geest." Full ok glieks mit de Döör in't Huus: "Jasper, ik kaam, Di Dien Hoff to övergeben." De keek em wat grientjerig an: "Mien Hoff? Wat heßt Du dor denn mit to kriegen? Dat is doch wull Tiene un mien Saak", lach he gootmödig. "Ne, Jasper, ik meen unsen Öllernhoff. Vader hett keen Testament maakt. De Hoff is Dien". quäl Peter sik möhselig över de Tung. "O, Peter, Du groten Döösbartel", lach Jasper un knuff em in de Rippen, "kennst Du Dienen Broder so slecht! Ne, mien Jung, de Hoff is Dien! Bi mi gellt Vaders Woort so goot as Breef un Siegel! Vader hett je wull mehr as noog seggt, wer den Hoff hem schall!" Peter drück em de Hannen: "O, Jasper, wat glöövst Du wull, wo groot de Steen weer, de eben vun mien Hart plumpst is!" "Na, dor wüllt wi eerstmal op anstöten, un Tiene hett wiß al wat Godes op'n Disch." "Ne, Jasper, weeß ni böös, grööt Tiene un de Kinner. Ik hollt ni ut. Ik mutt nah Huus, Martha un Moder vertelln, wat Du för'n feinen Kerl büst!" "Keen betern as Du ok, Peter. Denn fahr un grööt Moder. Segg ehr, se un Vader hebbt uns vörleevt, wat recht is. Segg ehr: Vaders Woort gellt ok ohn Testament."

Liekers mussen de beiden Bröder to Stadt nah't Landwirtschaftsamt. "De Hoff is Egendoom vun den Öllsten, also vun Di, Jasper", belehr süm de Landwirtschaftsraat. "Anners weer't, wenn Vader em Peter överschreven harr. Man dat hett he ni." "Ik will aver ni", sä Jasper nahdrücklich, "Vader hett ümmer seggt, Peter schall den Hoff hem. Dorbi blivt dat!" "Denn mußt Du ünnerschrieven, dat Du torüchtreden deist un Peter as Arven insettst." "Forts, hebben Se so'n Schriftstück, denn will ik glieks ünnerschrieven."

De Landwirtschaftsraat keek vun en to'n annern: "Ik sitt hier al mennig Jahr, un heff vele Arvschopssaken in de Reeg maakt, man so'n oprechte Lüüd as jüm beiden, de sünd raar. Ik graleer jüm to so'n anstännige Aart! Wenn al Lüüd so weern, denn kunn dat Gericht de Poorten sluten."

Klipp-klapp: Provanzööl

"Elli", reep Moder ehr twölfjährige, "hier heßt' fiev Groschen, loop rop nah Wesselburen un hool mi 'n Buddel Provanzööl vun de Apteek."
"Wat för'n Ööl?" fraag Elli. "Deern, Provanzööl. Vergeet dat nich! Provanzööl!"
Elli leep loos, vun Jarrenwisch nah Wesselburen, dree Kilometer dörch de boomlose Masch. De Sünn brenn vun' Heben. Elli keem in't Sweten. De Angst pedd ehr in de Hacken vun de Holtschen. De Angst, dat Woort to vergeten: Provanzööl. Klipp-klapp sän de Holtschen, Provanzööl sä Elli. Ümmerto, den ganzen, wieden Weg: "Provanzööl, Provanzööl, Provanzööl."
Harr Moder doch segg, woto dat bruuk worr, villicht harr Elli dat hölpen. Provanzööl, dat bruken de Fruuns un jungen Deern, süm Haar glatt un schier to kämmen. Goten sik opletzt noch wat in de Hannen un wischen dat vun'n Mittelscheitel her fast över Haar un Kopp, bet se so glatt slickt utsehn as'n Smuttaal. Op ole Biller kann en dat noch sehn. Elli ehr Haar hung ok ohn dat strack un schier in twee flassen Flechten lang de Nack.
"Provanzööl, Provanzööl", klipp, klapp, klipp, klapp. Wat brenn de Sünn!
As Elli in de Apteek vör'n Tresen stunn, - weer dat Woort weg. - Ganz un gar weg. As Kolzau sien Kater, de weer dree Daag weg. De Apte-

ker fraag: "Na, mien Deern, wat schaßt Du denn holen?" Elli keek em unglücklich an, sluck dröög dahl, de Spieg wull garnich an den Klüten in ehrn Hals vörbi: "Ik, - ik heff dat vergeten!" "Sett Di dor man'n Ogenblick op de Bank", lach de Apteker, "villicht fallt Di dat noch wedder in." Elli gruvel, man nix full ehr in. Ehr Kopp weer lerrig, as harr de Sünn den Brägen utdröögt. "Denn loop man nah Huus un fraag", schick de Apteker ehr op'n Weg.

Un Elli tüffel torüch, dree Kilometer dörch de boomlose Masch, - un de Sünn lach vun blauen Heben. K-l-ipp, k-l-app, dat klapper garnich mehr lustig.

"Wat nu?" fraag Moder, "wo is dat Provanzööl?" "Ik heff keen, ik heff dat den ganzen Weg luut seggt, man as ik in de Apteek stunn, harr ik dat schierweg vergeten."

"Du dumme Deern", schull Moder, "denn loop man forts wedder loos!" - "Wosük heet dat, wat Du holen schaßt?" "Provanzööl", keem dat liesen mang Elli ehr Tään dörch.

"Nu mal holt stopp", sä Vadder do, "schriev ehr dat man op'n Zeddel!"

"Ja, un denn klapper ik wedder loos", vertell Elli mi. Ja, se hett mi dat sülm vertellt, Elli, de nu en ole Fru is.

De Aantenjagd

Fischer Rees weer mit sien Boot buten bi de Sandbank ween. Nun lee he de Reems dahl, sprung an Land, smeet den Reep övern Poller un streev den groten Hoff to, de dor mang de Bööm an' Enn vun en Allee leeg.
En Büdel Fisch för de Huusfru weer hüüt nich de Hauptsaak, as sünst. Vundaag harr he den Buern wat hööglichs to vertelln. De stunn op de grote Hofsteed, wo dat Geschirr för de Fröhjahrsarbeid klaar maakt worr.
"De Aanten sünd dor", reep Rees al vun wieden. "Minsch, Willi", sä Hein, un sien Ogen lüchen, weerst Du buten?" "Ja, Hein", sä de, "de ganze Sand sitt vull." "Denn mööt wi hen! Ik roop Jörn an. Du kriggst foorts Bescheed."
Annern Morgen in Schummern seten de dree al in't Boot, de Flinten neven sik, Rücksäck op'n Puckel. De See weer so glatt un glau as en Spegel. De Reems dükern egal weg mit liesen Klack in de bliern Floot. Achter süm her trock en Kielspoor, nich veel gröter un deper, as weer en Tog Aanten vörbiswumm'. En bleken Schien vun't letzte Maandlicht leeg op't Water.
As de dree de Sandbank vör sik harrn, keem achter süm, deep an de Kimm in Osten, en smallen rosaroden Schien. Gau worr de Heben heller. De Morgen stunn op. In de Sandbank keem Leven. De Aanten pluustern de Flünken, schüddeln sik, Sand stoov op. Man denn steken

81

se de Köpp noch en beten ünner de Feddern. De
dree Mannslüüd kunn dat nich so niep sehn, de
dörfen nich so neeg ran. För süm leet dat, as
wölter un wrögel de ganze Sand op un dahl.
"Minsch, Willi", fluuster Jörn den Fischer to,
"heßt fein oppaß! De sünd je wull all op eenmal
infulln. En paar Daag, denn is de Sand leddig."
"Kann ween", meen Hein, "se fleegt hüüt noch
nah'n Noorn. Sünd villicht al en paar Daag hier."
Se leten sik Tiet. Se weern je nich blots as
Dootscheten herkomm'. Dat Grimmeln un
Wimmeln dor vör süm Ogen weer so hööglich
antosehn.
Dat eerste "Quark, quark", keem över't Wa-
ter. Un "quark, quark", anter dat ganze Volk.
En nah'n annern keem se in de Been, slogen de
Flünken ut un marscheern in't Water. Plumps,
plumps full en nah'n anner rin, de Morgenkost
to fischen.
De beiden Jägerslüüd nehm sinnig de Flinten an
de Back. Meist to lieker Tiet belln de eersten
Schütt in den stillen Morgen. De Aanten flogen
verbiestert op, bet op twee, de noch mal mit
de Flünken slogen un still op't Water biliggen
bleven.
As allns ruhig bleev, gung de Aanten wedder
to Water, wo de Hunger se rindreev. Un star-
ven as de Flegen. Jörn un Hein weern in süm
Fett. Man Willi Rees worr hiddelig. He as
Fischer spöör, dat Wedder wull umslahn. "Wi
mööt na Huus", mahn he, "ik mark, dat givt

en Unwedder." "Och, Willi, maal doch den Düvel nich an en Wand, de garnich dor is", höhn Hein. Jörn meen ok, se schulln sachts op den Fischer höörn.

"Jüm Bangbüxen", gröhl Hein, "blots, wiel dat Water sik en beten krüselt, wüllt jüm as schient in de Büx ... Kiek mi an! Ik bün nich in de Kark, as jüm! Man bang bün ik nich! Wenn't leeg warrt, künnt jüm doch beden! Jüm Gott warrt doch wull hölpen? Orr nich? Lett he jüm afsacken?" Sien Lachen klung holl un boll. Jörn un Willi begöschen em, so goot se kunn.

Se haaln de doden Aanten in't Boot un wulln nah Huus rojern.

As'n Blitz ut blauen Heben keem mit eenmal Wind op. Dreev Regen vör sik her. Sprung korthannig um, störm meistto ut Noorden. Bruus stiever un stiever över't Water ran. De Waggen dümpeln dat lütje Boot op un dahl. Ümmer rop un rünner. Willi sien Arms worrn lahm, he kunn de Reems knapp noch holln. Man goot, dat se Eten in de olen Kaakgeschirrn ut'n Krieg mitnahm harrn. Wenn Hein un Jörn nich so fliedig mit de Pütt Water ut' Boot schüppen, weern se lang afgluckert, as de Aanten, de se över Boord gahn läten.

Liekers keem se keen beten neger an de Küst ran. "Wi mööt versöken, Büsum antolopen", sä Willi. Man de Storm dreev se wiet an Büsum vorbi. Op all dree Puckels huck de nakelte Angst, ok op Hein sien. Dat Grootsnacken

weer em vergahn. De dree in't Boot wussen,
dat blots noch en Wunner hölpen kunn.
Se worrn so op un dahl, um un um küselt, dat
se nich mehr wussen, wo vör un achter, baben
un nerrn weer. Dorto den unheemligen Gesang,
de Storm un See sungen. De grönen Waggen mit
de witten Schuumköpp rullen över süm weg.
Böörn dat Boot hoch op süm Rüch un smeten
dat deep hendahl. Un ümmer muß en gegen-
holln mit de Reems, de annern Waterschöppen
mit de Kaakgeschirrn. "Nich nahlaten, nich
opgeven, sünst sünd wi verloorn!" mahn Willi.
Weer nich eerst körtens en op See bleven, en,
de se kennt harrn? Nich en, ne, twee, man
harrn se den een nich sehn. Weer de een nich
gau mal röver kaam vun Büsum, as he un sien
Macker süm Törn de Küst langut ünnerweegs
weern? Se mussen de "Seenotreddungsdeensten"
överhooln un schulln vun Büsum wieder rop
nah Noorn. "Büst Du garnich bang?" harr
Hein sien Fru em fraagt, "dat luerlütje Boot,
jüm fahrt doch nich ümmer ünner Land!" "Ne,
dat nich", harr he lach, "man dat Boot is see-
düchtig, dat geiht nich ünner." - Dat weer ün-
nergahn! Nix harr man weddersehn vun de twee,
as en paar Planken vun dat Boot. Dor muß Hein
an denken, ümmerto. "De beiden beed gewiß al
lang in süm Harten", dach he. Dor bee ok he:
"Leve Gott, wenn Du uns ut düsse Noot redden
deihst, dat swöör ik Di, denn tree ik wedder in
Dien Kark in. Leve Gott, denn glööv ik, dat Du

büst!" De leve Gott mutt dorto je wull smuustergrient hem. Denn de dree kemen, dat weer al Avend un düster, bi Cuxhaav an Land.
Heel verbiestert keken se sik an, as se Sand ünnern Kiel harrn. Mit stieve Knaken kropen se över Boord un schoven dat Boot op'n Strand. Stültern verklaamt, natt un hungrig op den eerstbesten Lichtschien to un kloppen an. Gau worrn se inlaten. De Lüüd an de Küst fraagt nich veel, se sehn je, wat los weer. Deen flink, wat nödig weer. Dat duer denn ok nich lang, dor legen de dree satt un vull Dank in warme Betten. Man dücht süm noch de ganze Nacht, se dümpeln in de opwöhlte See.
Hein gung, as se to Huus weern un sik verhaalt harrn, nah'n Preester. He heel Woort un leet sik wedder inschrieven. Um den Paster sien Mund leeg en fien Grienen, kuum to sehn. He höög sik bannig, dat de rieke, stolte Buer to Krüüz kroop.
Nah en anmeten Tied sloog he Hein as Karkenöllermann vör, un dat is he bleven bet an sien Enn.

Wat sik de Buern vertellt

Nich mal, wenn he so oold worrn war as Metusalem, harr he noch leevt, de ole Snieder Tweernbüdel. Un is doch noch nich ganz storven, denn de Buern vertellt sik noch hüüt snurrige Geschichten vun em.

Damals keem de Putzbüdel noch in't Huus, sien Handwarkstüüg in'n holten Kassen in de Hand. Knütt sien Kunn' en Dook um' Hals, sloog Sepenschuum, oha, un wat för stieven Schuum! Wisch em mit Swung un sien rechte Hand, na, segg wi, Willem Rahn, um beide Backen un ünner de Nees. Hung' dat Reemledder över'n Stohltuppen, klapp dat Raseermetz utenanner, wetzt dat hin un her un op un dahl, bet dat glatt en Kehl dörchsnieden kunn. Heel Willem sien Nees mit twee Fingern hoch un fung an to raseern un räsoneern: "Weest al dat Niedste, Willem?" "Swieg hüüt man still un beiel Di. De Snieder is hier, ik schall anpassen."

Ja, so weer't. Ok de Snieder harr keen Warksteed: he keem mit sien Handneihmaschien ünnern Arm an un bleev en ganze Week in't Huus, denn solang duer dat, bet en Antog ferdig weer. Snieder Tweernbüdel weer ganz un gar dat Gegendeel vun't "tapfere Schneiderlein". De lütje Spiddel weer'n grote Bangbüx un de deftigen Buern brüden em, wo se kunn.

Bi Willem Rahn muß Tweernbüdel bi den Buern sien Fru in de grote Slaapstuuv in en vun de Alkovens slapen, de noch vun Vöröllerntieden wullverwahrt achter Dören in de Wannen inlaten weern.

"Tweernbüdel", segg Willem, "nu man rin in de Puuch, dat ik de Dören tomaken kann. Mien Fru is wat scheneerlich, se mach nich in't Bett gahn, wenn Du tokieken kannst." De Buer smuustergrien, as he de Dören tomaakt: "Di jaag ik noch in't Buxhoorn vunnacht!"

He leeg sik dahl un tööv noch en Stoot. Sien Fru snurk liesen vör sik hen: "rr-pfiii, rr-pfii." Nun kummt ut den Alkoven en kräftigen Bass: "orrr-kraooo, orrr-kraooo." "So'n Stimm harr'k em je garnich totruut", dach Willem, as he ut Bett un nah'n Alkoven sleek. He maakt de Dören open un leggt den Snieder sien groten Pranken um den Hals. Todrücken kann he nich vör Lachen. Dat deiht ok nich nödig. De Snieder keem ok so angstbevern to Hööch, Willem kunn kuum so gau bisied un in Deckung gahn.

"O, Willem, Willem", schreeg de Snieder. As keen Antwurt keem, kladder he rut un taast sik nah den Buern sien Bett - lerdig! "Se hebbt em wegsleept", wemer he, kroop um de Betten rum nah de Fru ehr Sied, kloppt op de Deek, wo he wat Rundes fööl un sä ut Angst ganz liesen: "Fru Rahn, Fru Rahn, so woken se doch op!" De keem piellieks to Hööch: "Snieder, büst Du unklook worrn?"

In den Ogenblick harr Willem em bi'n Wickel: "Tweernbüdel, Du wullt doch nix vun mien

Fru?" De harr intwüschen mit'n Riedsteken dat Talliglicht op ehrn Nachtdisch ansteken. Seeg den Snieder in sien kort Hemd an Willem sien Arm bummeln as en Haas, de dat Fell över de Ohren trocken warrn schall, un fung to lachen an, dat de Bettsteden wackeln. "Denk doch nich sowat vun mi", wemer de Snieder, "ik wull doch blots Bescheed seggen, dat dor en weer! De wull mi avmurksen! He harr mi al bi de Kehl!" Willem kunn dat Lachen nun ok nich länger bin beholln, he bölk man so los: "Nun aver rin mit Di in 'ne Puuch. Un ünnerstah Di nich, noch eenmal unsen Slaap to stören."

Liese Arf

De Vörjohrswind bruus över dat griese Land un huus in de kohlen Telgen vun de Bööm, de all landinwarts wiest. De Westwind hett hier dat Regeern, em mutt sik so neeg an de See allns bögen.
En öllere Fru arbei' sik gegen den Wind an. Dat weer Liese Arf. Se harr vundaag wuschen op den Uhlenhoff. Hüüt morgen Klock fiev weer se al ut' Huus gahn, nu weer dat Avend, de Klock neeg bi söß. Op de Hööf worrn de Köh molken un fodert. Denn weer Fieravend. Se bunn dat Koppdook faster, ehr schudder, in ehr Kleder hung noch de Fuchten vun Madam Uhl ehr Waschköök.

Madam Uhl, wer sünst heeß hier "Madam"? Dat
worr meist mit en Strokeln in de Stimm seggt.
Wat weer se aver ok en gode Fru! Ni nich worr
se luut, harr se ni nödig! Wenn se liesen Order
geev, denn sprüng ehr Lüüd. Vundaag harr se
Liese wedder en Mark extra geven, weer wed-
der goot för ehrn "Spaarstrümp". Liese smuu-
ster un trock de lütje Nees kruus: goot, dat
Hein em noch ni funnen harr! Ok wuß he ni so
'nau, woveel se verdeen, se arbeid je rund um
de Klock. Achtstunnendag kenn se ni. Op de
Wies harr se ümmer en Deel vun ehrn Lohn op
de Siet kregen.

Avendbroot harr se eten, ok för Hein harr de
gode Fru ehr wat inpackt. So kunn se sik 'n be-
ten Tiet laten, keem ümmer noch fröh noch nah
Huus. Wat för en Tohuus! Dat rusige Wedder
weer ümmer noch beter as dat, wat tohuus op
ehr luer.

Kiek an, dor keek al dat eerste junge Gröön ut
de Eer, wat schöön! Hier 'n lütt Spier Brennet-
tel, dor en luerlütje Hunnbloom, wat deit't,
dat dat man blots Unkruut is, wo se in Sommer
veel Last mit kreeg. Nu weer dat schöön as
allns, wat jung is: junge Minschen, junge Tiern,
junge Planten. Se keem in't Sinneern: Wo weer
dat damals ween, as se Hein kennenlehrt harr?
Harr he damals nich den wilden Blick hat, as en
tückschen Stier? Wo mennigmal in al de langen
Jahrn harr se beed: "Leve Gott, erlöös mi vun
den Mann!" Alleen, de leve Gott harr ni höört!

89

Hein weer so 'sund as dat Unkruut, dat ok ni umtobringen weer. Mit de Tiet droog se ehr Krüüz ruhiger, weer al dankbar, dat se keen Kinner mit em harr. Goot, dat he ehr jeden Dag rutjaag op Arbeit, solang harr se Ruh un Freden.

Woveel Tüüg harr se wuschen, woveel Hüüs reinmaakt, woveel Gaarns in de Reeg hollen. Man dat schöönste weer'n doch de Geburtsdaag: keen Geburtsdag in't hele Karkspeel, nemb se, Liese, ni in de Köök stahn un dorför sorgt harr, dat allns klappt. Dat weern de Steernstünns in ehr armselig Leven. Ja, se weer'n richtigen Kalenner: jedeen sien Burtsdag harr se in' Kopp - un harr se in de Köök mitfiert.

Se weer bi Wisch sien Wagenschuur ankamen, keek in de Runn, un weg weer se. Hier in' Schummern trock se, op de Wagendießel, Schoh un Strümp ut un versteek in jeden Strümp wat Geld. Vörsichtig trock se sik wedder an, raak dat Geld ünner de Fööt torecht, pett'n paar mal op un gung gau nah Huus.

Liese harr de Huusdöör noch garni richtig achter sik to, do knall Hein ehr al sien Fuust merrn in't Gesicht. Se stört to Eer, aver he reet ehr an de Bluus wedder hoch, sloog op ehr in, eendoon, wo he ehr dreep, un schreeg ehr an: "Verdammtes Fruunsminsch, wullt mi wull verhungern laten! Marsch, in de Köök, maak mi wat to eten!" Twüschen Schriegen un Slääg stött se rut: "Ick - heff - doch - wat - mitkregen - för - Di."

"Her dormit", bölk he, "un her mit dat Geld!" He reet ehr allns ut de Hannen, slung dat Eten rin un störm ut Huus. Liese höör, wo he dat Motorrad ophulen leet. Nu wuß se, dat he as Alltiet, solang se denken kunn, ehr suerverdeentes Geld to'n Finster rutsmeet för slechte Wiever un Sprit. Mit Smarten schoov se de Kommood bisiet un lee dat Geld ut ehr Strümp to all dat annere in de Tasch, de se an de Rüchwand annagelt harr. Dat weer en orrigen Hupen dor in ehrn "Spaarstrümp". Ümmer, wenn se op Fahrrad to Stadt weer, harr se Sülvergeld un lütje Schiens umtuuscht för grötere Schiens, de Tasch dörf ni dick warrn, sunst kunn Hein ehr am Enn finden. Dat weer för ehr olen Daag, wenn Hein, so Gott wull, ni mehr leev. Mit Smarten lee se sik to Bett, man eher de Slaap keem, dach se doröver nah, warum dat blots en Tierschutzvereen geev un ni ok en för Minschen. All Lüüd wussen doch, wo ehr dat gung, keem aver ni to Help. Och, wenn he doch mit'n duun Kopp gegen en Boom orr in Graben fahr! Annern Morgen reet Hein ehr op sien veniensche Wies ut Bett: "Rut mit Di, an de Arbeit!" He weer jüst nah Huus kamen, dick un duun un to labberig, um ehr to prügeln. Liese maak sik slurig op'n Weg. Vundaag schull se bi Brandt waschen. De Morgennevel hung noch as en gries Laken över't Land, de Küll faat ehr an, se kreeg Hosten. Goot, dat de Weg ni so lang weer. De Waschketel weer al hitt, Liese höög sik to

91

Warms. Bet de Ketel kook, güng se in de Köök, sik op'n Stohl bi'n Heerd to setten. Ehr weer ni goot vunmorgen.

Dor funn ehr de Buer, as he nah'n Stall wull. Se sleep, dat ene Oog weer blau un dick. Hein sien Stempel. Over warum bever se so merkwürdig? He haal sien Fru: "Moder, ik weet ni, Liese kommt mi so leidig vör, kiek doch mal nah ehr." Meta wuß forts Bescheed: "De hett Schüttelfrost", sä se, "mit Waschen warrt' vundaag nix. Weeß so goot, Ernst, fahr den Wagen ut de Garaag, ik segg Annmarie gau Bescheed. Denn fahrt wi ehr nah Huus."

Hier smeten se Hein eerstmal rut ut' Bett, lüften de Slaapstuuv un brochen Liese to Bett. Annmarie harr den Dokter anropen. Bet he keem, bleev Meta bi de Kranke.

Liese harr Lungenentzündung, dat stunn ni goot um ehr. Man nu mark se, dat se Frünnen harr. Jeden Dag keem en vun de Buurfruuns, ehr to plegen un optopassen. Hein aver kreeg dat mit de Mannslüüd to doon: harr sik sunst keneen inmischt, nu kreeg he umso mehr antohöörn. Of sien Armsünnermien echt weer, dat schull en raden.

Acht Daag leeg Liese krank, denn keem de Dood un nehm ehr weg vun düsse Eer.

Hein sien Süster keem, den Weetmann över de eersten Weken wegtohölpen. Glieks nah de Beerdigung fung se an, em dat Huus gründlich rein to moken. Ok de Kommood kem vun de Wand.

Marie wunner sik, wat dat mit de Tasch op sik harr un greep dor rin. "Hein", schrachel se, "Hein, komm gau mal her! Ik heff Geld funnen, luter Hunnertmarkschiens!" Hein truu sien Ogen ni. Ok he greep in Liese ehrn "Spaarstrümp", un denn brook en wild Bölken ut sien Bost: "Betrogen hett se mi, dat verdreihte Fruunsminsch! Man nu is allns mien!" He kehr de Tasch um un fung to tellen an.
Teindusend Mark harr Liese tosamenschindt! Hein kunn knapp aftöven, bet Marie wedder afgung. Denn bruus he loos, dat Geld ünner de Lüüd to bringen.

Dat Lock in'n Beernboom

In mien Gaarn, dor, wo de Rasen ophöllt, mang blöhen Büsch, steiht en Beernboom. Keen gewöhnlichen, nee, en "Königin Louise", un so as en Königin is he ok wussen. Nich eenfach graad in de Hööcht, dat kann je jeden Boom. Nee, so, as harr en "Fotograf" em Anwiesen geven, den Buuk vörut to steken un sik en beten to dreihn, de Arms halv hoch mit hangen Hannen, ok den Kopp so adelig böögt, as wull he danzen. De Störms harrn em mennig Telgen afslahn un em so hinböögt, as he nu weer. An düssen Boom harr mien Mann heel veel Freid. Mehr noch över dat Lock in'n Boom, dat genau dor seet, wo bi uns de Buuknavel is. Noch mehr över dat Leven in düt Lock. Denn

dor in buu Jahr för Jahr en lüttje Blaumeesch
ehr Nest. In't Vörjahr luer he al op ehr un holl
mi liesen rut, wenn se to Lock floog. "Tööv
man en Ogenblick, glieks kummt se wedder
rut!" Un denn suus ok al wat as'n Piel an uns
vörbi, kunnst kuum so gau sehn, wat dat weer.
Nu buu see ehr Nest, un as dat ferdig weer,
seet de lüttje Moder en paar Weken op de Eier.
Denn keem de Tied, wo se vun Morgens bet
Avends hin un her floog: rin in't Lock, rut ut'
Lock, 'n lütt Verpuusten op'n Twieg un wedder
weg: Foder holln för de hungrigen Kinner. Un
wedder rin in't Lock, rut ut' Lock, wekenlang.
Denn kunn mien Mann sitten un den Boom in't
Oog hem, spitz ok mal de Lippen un maak de
Meesch nah: "Sitt, sitt, sitt, zespeuzia!" Achter sien Rüch muß ik denn so'n beten spietsch
grienen. To snaaksch höör sik dat an.
Dit Jahr is de lüttje Meesch nich wedderkamen.
Dat Lock in Boom is to groot worrn, dor is
keen Hüsen mehr für Meeschenkinner. Ok in
mien Huus is dat lerrig worrn: so as de Meesch
is ok mien Mann weggahn, den Padd ohn Wedderkehr.
Dat Lock in'n Beernboom vertellt mi so veel.
Ik höör mien Mann seggen: "Sitt, sitt, sitt, sitt,
zespeuzia!" Man nu is mien Grienen nich mehr
spietsch, nu is dat wehmödig. Aver mi is, as
keem ut dat Lock in'n Beernboom en Stimm:
"Wees man nich bang, Du weeßt ja, nah jeden
Winter kummt wedder en Fröhjahr!"

Elsa Peters: Plattdüütsche Fabeln
60 Seiten, ill., br., DM 5,80, ISBN 3-88089-010-2

Mit ihren schönsten Fabeln in plattdeutscher Mundart bereitet die Heider Autorin Elsa Peters dem Leser ein besonderes Erlebnis.

Elsa Peters: Wo de Wind vun Westen weiht
96 Seiten, ill., br., DM 7,80, ISBN 3-88089-004-8

"In ihren Geschichten spielen das Land und seine Leute die Hauptrolle. Dabei glücken Elsa Peters ungemein eindrucksvolle Schilderungen ländlichen Lebens."

Norddeutscher Rundfunk

Jens Rusch: Küste und Marsch
68 Seiten, 17×21 cm, br., DM 9,80, ISBN 3-88089-003-X

"Der junge Zeichner skizziert die Landschaft, in der er lebt. Die von ihm gewählten Motive werden in verschiedenen Techniken lebendig dargestellt."

Flensburger Tageblatt

Jens Rusch zeichnet Büsum
64 Seiten, 17×21 cm, br., DM 9,80, ISBN 3-88089-005-6

"Der Band besticht durch seine großzügige Gestaltung."

Kieler Nachrichten

Peter K. Schaar: Haseldorfer Marsch
72 Seiten, 15×21 cm, br., DM 9,80, ISBN 3-88089-006-4

"Mit wenigen Strichen fängt Schaar die Atmosphäre der Haseldorfer Marsch ein. Die Liebe zum Land ist in den Motiven zu spüren." Elmshorner Nachrichten

Dithmarscher Presse-Dienst, Verlag Udo Christiansen, Heide

Dat Leed vun de Herr Pastor sien Koh
260 Strophen, humorvoll illustriert
60 Seiten, ill., br., DM 4,80, ISBN 3-88089-002-1

"Peter Eggers hat in langjähriger Suche insgesamt 260 Strophen des bekannten Volksliedes aufgestöbert. Das bereitet den Freunden des plattdeutschen Humors Vergnügen." Hamburger Abendblatt

Oskar Behrens: Büsumer Sagen und Döntjes
48 Seiten, br., ill., DM 4,80, ISBN 3-88089-001-3

"In amüsanter Form vermittelt Kurseelsorger Behrens, was er seinen Gästen im Rahmen von Teestunden erzählt." Kieler Nachrichten

Hermann Glüsing: Dor warr ik mi um kümmern
Gebunden, DM 29,80, ISBN 3-88089-007-2

Die Lebenserinnerungen des Dithmarscher Kreispräsidenten und langjährigen Bundestagsabgeordneten, mit einem Vorwort von Dr. Gerhard Stoltenberg und einem umfangreichen historischen Bildteil. "Glüsing schreibt geradeaus und ohne Hintergedanken und sagt, was er denkt - über sich und über die anderen."

Norddeutscher Rundfunk

Dithmarscher Kunstkalender
Großformat, 13 Drucke

Jährlich erscheint der großformatige Kalender mit den schönsten Motiven eines Künstlers.

Dithmarscher Presse-Dienst, Verlag Udo Christiansen, Heide